与庄共舞

人生的自救之道

王蒙

生活·讀書·新知 三联书店　生活書店出版有限公司

图书在版编目（CIP）数据

与庄共舞：人生的自救之道 / 王蒙著. -- 北京：
生活书店出版有限公司，2014.1
ISBN 978-7-80768-010-9

Ⅰ. ①与… Ⅱ. ①王… Ⅲ. ①道家 ②《庄子》-研究
Ⅳ. ①B223.55

中国版本图书馆 CIP 数据核字（2013）第 274105 号

出 版 人　樊希安
责任编辑　李　娟
封面设计　熊琼工作室
封面摄影　彭世团
责任印制　常宁强
出版发行　**生活書店**出版有限公司
（北京市东城区美术馆东街22号）
邮　　编　100010
经　　销　新华书店
印　　刷　北京瑞禾彩色印刷有限公司
版　　次　2014年1月北京第1版
2014年1月北京第1次印刷
开　　本　635毫米×965毫米　1/16　印张18
字　　数　220千字　图片28幅
印　　数　00,001-50,000册
定　　价　38.00元
（印装查询：010-64052066；邮购查询：010-84010542）

自序

2011年我应邀在山东卫视新杏坛节目做了“与庄共舞”的讲座。兹后，在讲座记录稿的基础上做了一些修改补充，命名《与庄共舞：人生的自救之道》，并配上吉建芳女士的插图，献给读者。

庄子，是古今中外的不二人物，他的思路奇诡别致，他的言语超凡脱俗，他的比喻精当准确，他的见解令人拍案叫绝，他的论述吞吐寰宇，纵横天地，见血封喉，直取封建中国主流意识形态的要害。他的文字汪洋恣肆，他的风格正如书中所描写的大盗盗跖，叫作“心如涌泉，意如飘风”，它表现的是无与伦比的神圣般的大才华，大心胸，大手笔。

庄子对后世的影响巨大，我国许多脍炙人口的成语出自《庄子》，李白、鲁迅、毛泽东的文章作品中有明显的对于《庄子》的援引与发挥，庄子还在后世被视为神仙——道教的“南华真人”。

都想理解《庄子》读懂《庄子》，却碰到了第一是版本考证校勘的麻烦，第二是语言文字上的困难，第三是智力格局上的捉襟见肘。这第三个困难是因为你很难赶上庄子那种纵横天地、涌泉飘风的思路，你在庄子面前感到的是敬佩，晕眩，抓不住，摸不着，你只能抠抠字眼，讲讲寓言故事，说点儿趣话名言。

庄子本身也喜欢贬低书本，说那是陈旧的脚印，并不是鞋履，那当然更不是腿脚与全人。

本人作为庄文的爱好者，不揣冒昧，想试着跟随鼓点，走起舞步，与两千五百年前的庄周共舞一番，与庄子对话，与庄子切磋，尽量生活化、大众化。或有我注六经与郢书燕说之讥，却无见树木而不见森林之虞。作为小说人，我尽力还原庄子的活力、灵气、透彻，他的智慧与他的槁木死灰外表下的愤懑与呼喊。

与老子齐名却又与老子不同，老子仍然是帝王师的路子，而庄子侧重的是自我救赎。我要说的是，庄子的自救之道管用，你不可能拜倒在庄周名下，但庄周确实帮助了中国世世代代的读书人度过逆境与精神危机，包括王蒙。

吉建芳的插图有风格、有趣味、有内涵，她的插图使本书增色，而生活书店的热情支持，使本书与广大读者见面，在此一并致谢。

王蒙

目录

第一讲

突破自我，神旺九万里

鲲鹏展翅，是《庄子·逍遥游》的开篇，庄子虚构了一种叫作鲲鹏的动物，它先是大鱼，后来又成了大鸟。由鲲鱼变成的大鹏鸟一展翅，可以飞入九万里的高空。通过这么一个夸张宏伟的想象，传达出庄子的大格局情怀。让读者感受到人类的身躯可以是渺小的，但精神一定要是宏大的。精神一宏大，眼前的一些麻烦困惑，就显得不足挂齿了。

“怒而飞”的雄壮追求

庄子是一个非常有特点的、与众不同的哲学家，古今中外独此一人。他最大的特点就是把非常深邃的思想变成了文学，变成了艺术，变成了神话、寓言、故事、传说。他的那些论述哲学问题的文字都是朗朗上口、比喻精当、辞藻华丽、文风开阔、见棱见角、妙不可言的，读起来你感到的是津津有味、心旷神怡。这就做到了深奥哲理的文学化与趣味化。

庄子还把文字变成了艺术，通过这些文字使他的思想变得非常好看、好听、好接受，让大家喜爱。这里还有一个问题：形象大于思想，你树立一个形象，讲述一个故事寓言，含义是什么，并不是绝对固定与有限的，同样一个形象一个故事，例如庄生梦蝶，它的解释发挥，从理论上说是无限的，原因在于一切解释都加上了解释者本身的经验与想象的补充。梦蝶，你可以做唯美的解释，可以做弗洛伊德性学理的解释，可以做人生无常、人生如梦的解释，还可以做现今十分风行的“认同危机”“身份困扰”的联想，甚至做游戏的解释，深了去啦，多了去啦。庄子使他自己的思想变成了一种几乎可以说是艺术的表演，换言之，他用一种艺术表演的方式来讲自己的思想，使之有魅力、潇洒、令人浮想联翩，引人入胜而且内涵深广、余音绕梁、三千年不绝。

当然，这种文学化的哲思文体，在逻辑性、科学性、系统性与鲜明性上，不像欧洲的那些大家，有另一面的不尽如人意处。接下来我们就从最具体、最平常、最浅显的故事、寓言说起。例如朝三暮四、呆若木鸡、螳臂当车、大而无当、姑妄言之、姑妄听之、螳螂捕蝉，黄雀在后……大多数是人们耳熟能详，张嘴就来的话。所以庄子又是一个已经被我们的民族、被我们一代又一代的人，耳传心授、口传心授地，完全接受了的一个大哲学家、大文学家、大思想家。可以说，他是既高深又普及，既别开生面又言之成理，既奇思妙想、独树一帜，却又家喻户晓、影响广泛的人物，他的思想理论说法，同样是这样一个又深奥又“流行”的命运。

《庄子》刚开篇就很惊人：

> 北冥有鱼，其名为鲲。
> 鲲之大，不知其几千里也。
> 化而为鸟，其名为鹏。
> 鹏之背，不知其几千里也。

北冥，就是对于北边的北冰洋的假想，当然庄子那时不知道那是北极啊，他可能没有这个概念。北边有大海，有很深的水、很大的海，这里面有鱼，你一眼看过去，这个鱼几千里，他没有具体地说一定是长度几千里或者是宽度几千里，只是说大概几千里，给你一个概念。要说先秦、春秋战国时代，这几千里也不得了。这个鱼呢，能变成鹏，叫作大鹏鸟，光它的脊背，一看又是几千里。到底具体数字是多少也没说。因为对于我们来说，这不是进行一个动物学的传播讲授。从动物学上说，现在知道的恐龙是比较大的了，但是也没有大到几千里，几千里什么概念啊？就是脑袋在北京，龙尾在广州了，它整个就把中国国土的五分之四给占了，根本没法展览。

但是《庄子》的鲲鹏就有这么大，而且这个鹏还能飞，这一飞呢，就更厉害，叫"抟扶摇而上者九万里"。扶摇是说风，风是扶摇而上。这多少有点儿研究高空气流的意思。因为在空中飞行的时候它常常会碰到气流。扶，应该是空气浮力、升力，摇，有点儿像震荡，我们现在坐飞机也是扶摇而上。扶了、摇了就把你升上去了，这一飞就是九万里。所以毛泽东主席在他的词里面就引用了《庄子》的这个故事，他说"鲲鹏展翅，九万里，翻动扶摇羊角。"这些全部出于《庄子》。扶摇就是指那个上升并且震荡的气流，羊角指的是旋风，还有可能是龙卷风。为什么羊角是指旋风呢？因为这个羊犄角像螺旋一样，它是这么转着，正好是龙卷风刮起来的姿势。一刮多远呢？九万里。这个太不得了了。我们现在一般的民航飞机的飞行高度大约是十余公里左右。那么九万里就是四万五千公里，比现在飞机能飞的高度可大多了。当然我们还要考虑先秦时期的度量衡，过去的说法——"老秤"、"老尺"，比现在的可能大多了。

这样的形象与叙述当然富有冲击力。让读者以渺小局促的主体

由鲲鱼变成的大鹏鸟一展翅，
可以飞入九万里的高空，
精神一宏大，
眼前的一些麻烦困惑，
就显得不足挂齿了

来想象享受巨大宏伟的对象，以地面庸生享受北冥南冥的波涛汹涌、深不见底；又让双腿行路一天很难走完百里的人享受了九万里高空的勇敢与遥远；让五尺（有时小于五尺）高百十斤体重的人去享受几千里长与阔的身躯。好啊，读到此处，咱们自身似乎也往大里长，开始了一个从普通人向巨人发展的过程。

哈哈，读庄子就是要成为精神的巨人。那庄子讲这个东西究竟是什么意思？为什么他要讲这么一个并不存在的事情呢？当然他说，这个是从《齐谐》这本书里就有记载的，现在我们找不到《齐谐》这本书了。这本《齐谐》是实有其书还是庄子杜撰，是纪实还是街谈巷议、小道消息、小品段子，对于21世纪的我辈已经没有意义。我们可以假设当时已经有这本书，这个表达的是什么呢？是一种精神。什么精神呢？就是我们人其实是很渺小的，也许你的身高是很不错的，我们说“五尺高的汉子”。“老尺”可能比现在尺大，五尺高的汉子基本是山东人，他个儿高、个儿大、大块儿。但是即使这样的汉子对于宇宙来说、对于世界来说，也太渺小了。

我们说寿命，一百岁，这在人当中也已经是长寿的仙翁了。但是一百年对于中国、对于世界、对于地球、对于宇宙，也还是太短了。那么恰恰是渺小的个人，他有一种精神、他有一种气势、他有一种心胸，而中国人还喜欢说他有一个格局。这个格局是什么呢？是大，是宏伟，是几千里。背，它的脊背，几千里，一飞上天九万里。

所以正是人类的身躯可以渺小，但是他的精神是宏大的。他的思想是要不断地突破他身体的局限，突破他环境的局限。不管你的环境如何，不管你碰到什么艰窘、尴尬、困难，你要有一个宏大的精神，有一个伟大的气魄。

这个东西很有意思，就是人为什么需要一个大境界，需要一个大格局，需要一个大背景，需要一个大的参照物呢？那是因为，有了这个参照物和没有这个参照物有很大区别。

没有这样的参照，你的头脑的格局就是眼前一块，鼻子底下的那点儿事。所有的困难麻烦，不论是风雨雷电、饥渴寒暑、病伤疲累，还是狼虫虎豹、强盗窃贼、愚顽丑恶……都可以从精神上把你摧毁。而有了一个大格局、大参照，一切艰难困苦，一切得失计较，一切流言蜚语，根本就算不了什么，与大鲲大鹏相比，对于一个有志于抟扶摇直上九万里的人来说，人生中那些负面的东西，不过是鸡毛蒜皮罢了。

在庄子生活的两千年前，你可以身躯不高，也不强壮，力气也不算很大，你的见闻也很有限，但是你仍然有一种愿望，突破这种物质的经验和限制，达到一种精神的大解脱。为什么古今中外一些有识之士往往喜欢仰望星空，看到群星灿烂呢？我们中国也有这样的领导同志，仰望星空的时候发出赞叹。德国的哲学家康德也歌颂过星空，日本也有歌曲是《啊！星光灿烂》。当你在仰望星空的时候，你有一种感觉，就是把自己与无限雄伟、无限恒久的或者是阔大的这样一个世界、这样一个天体联系起来。那么庄子在《逍遥游》中，他三次重复地用不同的方法讲述这个鲲是鱼，这个鱼变成了鹏，然后它能够展翅，叫作“怒而飞”，怒不一定当生气讲，它一激动它就飞起来了。而且古人说庄子文章的特点就是“怒而飞”，他一激动，他写的文章也就飞翔起来了，他的词汇，他的造句，他的结构与论述，也就满天飞翔起来了。

庄子是有各种新鲜的、与众不同的、给人以启发的或者是令人一愣、让人一下子摸不着底的思想，他究竟是一个怎样的思想家呢？我们说他是一个“怒而飞”的思想家。一个思想家怒而飞，有点儿意思。这里的怒应该作“激情”讲，一来情绪，一激动，一来想象力，伟大的庄子便鲲鹏展翅般地高飞入云了，你说棒不棒！

我们知道法国的美术家罗丹，他的一个很重要的作品就叫《思想者》，“思想者”描绘的是一个男性的身体，这个男性有一种非常凝重、非常沉潜的表情，你从他的面部和身体的姿态上可以看出一个人沉入思想时的那么一种紧张感，就是他的全部力量包括肌肉、骨骼、神经和筋脉都调动起来紧绷起来了。那么如果我们要塑造庄子的像，就不大可能会把他塑造成一个沉潜的极其吃力的思想者，即便他有沉潜的、凝重的、非常内敛的这一面，但是庄子毕竟还有另一面，怒而飞的一面。

《庄子》这本书里有许许多多消极的说法，因为生活在春秋战国，他没办法。

“春秋无义战”，每个人掌握不了自己的命运。这个阶段的庄子他没有办法，所以他提出很多消极的东西。但是庄子毕竟不一样，《逍遥游》开宗明义，先是讲北冥，北边的那个海洋——起码是那个水域、海域，有鲲、有鹏，所以这又是一个很奇特的东西，就是他消极都消极得这么牛，这么雄壮，这么有才气、有气魄、有力度！毛泽东主席的世界观、他一生的行为不是消极的，但是他就恰恰引用了这个很多时候发表消极见解的庄子关于鲲鹏展翅的追求，以此来表达他自己的这种心志、这种气势。充分体现了他气势极大，特别冲。

你是窝囊的腐鼠？还是自由的鹓鸰？

庄子的话不是实用性的，他虽是在讲鲲鹏展翅，但是他的用意既不是通过对鲲的了解来开展渔业或者捕鲸作业，也不是通过鹏的道理来考虑如何飞行或者进入外层空间，他的话没有这个含义，他只是开阔你的心胸。所以到了庄子这儿你会感觉到，鲲鹏展翅未必是不可行，是你自己的心胸不够开阔，不能够接受这种宏伟的理念，不能够理解这种宏伟的存在。所以庄子一开始就先给我们写出了一个字，这个字就叫“大”。人要有大眼光、大气魄、大格局、大境界。

正如这鲲、鹏的形象。这个鲲是大几千里，这个鹏光是它的脊背也是大几千里，然后一飞就是九万里。这是凡人，所谓俗人很难想象到的东西。那么极言其大的目的是什么？他的目的起码有这么三方面：一是你拿鲲、拿鹏、拿北冥——就是北边的那个水域（因为那个时候他还没有明确地说是海洋，实际上应该说是海洋，非常深的一个水域），还有南边的一个水域等做参照系，你就会小化、就会藐视许多眼前鼻子底下的是是非非、恩恩怨怨。因为世界是如此之巨大，生命的力量是如此之威武雄壮，那么谁对你态度好一点、谁对你态度坏一点；该夸你的地方人家没有及时地夸你；或者本来不是你的毛病，别人误以为是你的毛病……这些零零碎碎的不高兴啊、喜怒哀乐啊、计较啊、埋怨啊等等，又有什么呢？

如果你胸中有鲲、有鹏、有北冥、有南冥；如果用康德的主张和现代人喜欢讲的你心中有星空、有宇宙来念想，你就会觉得这些事情其实很小。哪怕你三年五年、十年八年受过一点儿误解、一点儿委屈，事情过去以后就可以不屑一顾，不必再谈它，即使谈的话就当个笑话说说罢了。这样可以小化你的很多不愉快、小化你的很多计较。这是一个作用。

“大”还有一个作用，大了就会高。由于这个鲲很大，这个鹏很大，那么它最大的特点就是：一飞就飞了九万里高。这远远地超过了波音747飞的高度，当然比现在的人造卫星还高。

庄子是怎么表现这个高度的呢？很重要的一条就是他在一个官本位的封建中国，却恰恰表达对官本位的藐视。我们知道，春秋战国，那些诸侯君王和重臣追求的就是权力扩张。从正面来说，他们追求的是统一天下。那么对于更多的士人来说，他们追求的是出将入相、光宗耀祖、掌握权柄，有很高的社会地位，同时也拥有超乎常人的财产和物质手段。这个并不足为奇，因为中国封建社会的权力系统早在先秦，就已经被打造得相当完备。你进入这个权力系统，可以受到尊敬；可以发挥自己的才干、本事；可以享受远远高于普通人的物质生活和财富积累。这个享受特权、享受俸禄、享受一种地位的崇高所带来的得意和愉快，很明显地体现在苏秦的故事中。

苏秦第一次去周游列国，失败了。回来的时候他受到了全家人的嘲笑，尤其是受到了他嫂子的白眼。但是第二次呢，他被封了六国之相，除了秦以外，六个诸侯国家聘请他当相国，掌管着六国的大印。这个时候他再回到自己的家乡时，他嫂子是爬着过来的，爬着过来是对他施行跪式服务、伏地式服务。他就问他嫂子，你为什么前倨后恭啊？意思就是说你原来对我那么藐视，怎么现在对我这么恭敬了？苏秦嫂子说，哎呀，因为兄弟你现在贵而多金啊，又有钱官又大。他这嫂子倒挺实在，实话实说。说你原来周游列国，自费旅游恨不得把家里的钱全花光了，一点儿成就没有，回来还得让我们养着你，我当然对你态度不好了。现在你地位也上去了，钱也多了，我们跟着沾光，我对你态度当然就好了。

她这种态度是可以理解的。不光是为了地位高和多金，和这个权力系统结合起来，你才能够发挥你的聪明才智，现代语言叫“自我的实现”，你有多大本事你把它发挥出来，发挥出来了还没成功，那也只能认命了。要是你连发挥的可能都没有，会很窝囊！所以那时看《史记》、读《春秋》，人人都在那儿追求自己的所谓上进。

但是庄子在这个时候独树一帜，他表示瞧不起，他用一种很不屑的语言，“知效一官，行比一乡，德合一君，而徵一国”，他说，这样的人呢，不必太瞧得起他。“知效一官”，就是他的知识能够符合一个一官半职的要求。“行比一乡”，他干了点事，能被一个乡所承认。当然大家也弄不清春秋战国的时候一个乡有多大，可能人口还没有咱们公社时期一个大队多。“德合一君”，这里面的“德”包括了做人，也包括了你的能量、你的行为。你的行为、你的能量能符合一个诸侯的喜爱。“而徵一国”，而得到了这么一个小诸侯国家的信任。就是说你能混上个一官半职，能在某个诸侯国家混个人五人六的。简单地说，这个根本不值一提。庄子表达这么一个态度。

然后下面他反复地、无数次地表示，当官没意思。司马迁在《史记》里讲到，楚威王想请庄子去当相国，庄子怎么表示呢？说你看见过那牛吗？你给那牛是穿上好衣服，打扮起来，你的目的是为什么呢？是要把它牵到太庙里去宰杀、牺牲，来祭奠神灵或者祭奠祖先。他说如果我是一头牛的话，我不想穿那好衣裳，我宁愿就在泥里头打滚，我就过着半饥半饱的、肮脏的、不舒服的、不讲究的生活，我也不愿意你给我打扮好了，然后给我一刀，让我吃这一刀。他说的这个抓住了那个时候所谓一官半职的一个最大的软肋。庄子有时候说话很狠，抓住你一点就把你嘲笑得站不住。他的意思就是你当了这一官半职，你精神上就不自由了，你就不独立了。

《秋水》中有记载，说庄子到了梁国，梁国的相国是惠子，惠子以为庄子要来抢他的官位，就派人组织全国搜索，搜了三天三夜。后来庄子见到惠子，说你那个官位算什么呢？你知不知道有一种高级的鸟叫作做鹓鶵，这鹓鶵是属于鸾凤之类，它一飞飞很久，“非梧桐不止”，只有到了梧桐树才休息——国人一直认为梧桐这种树清洁挺拔，器宇轩昂，形状大气；“非练实不食”，只有竹子的果实它才吃——竹子当然也是高雅的植物，叫作“宁可食无肉，不可居无竹”；“非醴泉不饮”，只有那个最甘美的泉水它才喝。也就是说它住，要住梧桐树；吃，要吃竹子的食物，竹产品。他说的竹食，没有说竹笋，闹不清他这个“竹食”指的什么；喝呢，要喝矿泉水。

我庄子就像这种鹓鸰一样，非常的高尚，而你那个相国的职位对我来说，是“腐鼠”一般，就跟一只腐烂了的死老鼠一样。你拿你那个相国，那只腐鼠来吓唬我吗？我会因为你那只腐鼠就放弃我清高伟大的人格、我的精神追求吗？这个庄子很厉害，他在语言上取得了绝对的优势。这个故事从古以来对中国人有着很深刻的影响，起码是对于那些追求一官半职的人，对于至今不能说“没有”的丑态百出的“官迷”们有很大的启发。请看，好多人追求了一辈子，无官无职，最后他一想，他为之煎熬的那顶乌纱帽，不过是腐鼠而已。那级别待遇，不过就是一个烂老鼠、死老鼠，我不追求了。无官无职，我相对自由一点儿、逍遥一点儿、自在一点儿。这么想想，舒服多了。精神胜利，自我安慰，这个对人也有必要、也有好处。

唐朝诗人李商隐本来是非常追求官职的，他由于不得志，心情非常不好，一辈子都窝窝囊囊，很抑郁。他年轻的时候有一次去参加考试不成功，就写过用词很重的诗，叫“忍剪凌云一寸心”，我有凌云之志，结果您拿把剪子在我的心尖子上“咔嚓”一下子就给我铰了，掐了我的心，很痛苦。

但是另一方面呢，他又在诗中表白：“永忆江湖归白发，欲回天地入扁舟。不知腐鼠成滋味，猜意鹓鸰意未休。”他说我随时想着回到江湖里去，回到天地里去，回到大自然中去；我无意恋战官场，我有出世之心、出世之志，我要到一个小船上去，过一种山林之中、湖海之中，这样一个以天与地为住室的开阔的、开放的、与大自然融为一体的生活。但是鸱鸮（鸱鸮指的就是猫头鹰）这一类生活在黑暗之中，上不得台面的东西，以为这个官职像它们酷爱而鹓鸰极端蔑视的死老鼠一样，多么有滋有味。它看到了我这只“非梧桐不止，非练实不食，非醴泉不饮”的鹓鸰，它变得很紧张，还老怕我会抢夺它所恋恋不舍的死老鼠。你那只死老鼠啊，白给我也不要！

庄子说得痛快淋漓，他老先生至少有这么一种精神，虽然这种精神的产生非常复杂。有一点清高的精神，有一点对于自我经营的蔑视，有一点对于蝇营狗苟——像苍蝇一样经营，像狗仔一样苟且下贱——的躲避，这是件好事。

《庄子》一上来极言鲲鹏之事还有第三重意义，对天地、对宇宙、对世界产生一种敬畏感。可能有人说，这里不应该说宇宙，因为宇是指空间，宙是指时间，庄子的年代还没有宇宙这样严整的概念，好的，没有关系，宇宙一词是什么时候出现的与什么是它的正解，我这里按下不表，我要说的是时间与空间并不是跟随你中文或外文的哪个名词才出现才被某时某地某人打造出来的，宇宙是自来的存在，是先验即先于经验的。没有人类，没有地球，没有此个银河系它也存在，因此，我在这里不是讲名词，而是讲宇宙的绝对性。人类不可能不对天地、宇宙、世界、时间、空间，对无穷大的永恒与辽阔产生敬畏感，不管你是有神论也好，无神论也好，好的，你是无神论，你认为一切来自物质，那么你对物质也会虔敬与畏惧的，例如无神论者强调历史发展的规律，那也是一种敬畏。

我不在乎境遇与外界的态度，因为我是我自己的主人

1949年以后，我们常常说庄子是主观唯心主义。原因就在于，庄子的理论要点在于强调自己的主体性、主体思想，来拯救自身，来获得精神的自由与自主。庄子说的自由与自主状态，不是通向某种社会制度的保障，也不可能想象到那样一种保障，而是通向两个字：逍遥。

庄子一生论述的主旨就是指出通向逍遥之路，实现个人与内心世界的超脱解放。享受庄子，首先就是享受这个关于逍遥的思维与幻想体系的别具风姿。鲲鹏展翅正是庄子逍遥典型的注解，它带给我们的享受是浩瀚的海洋，是巡天的飞翔，是对于自身的突破，是灵魂突破肉身，是生命充溢宇宙，是思想突破实在，是无穷突破有限，是想象、扩展、尊严与力量突破人微言轻，身贱草芥，命薄如纸，被世俗看得扁扁的不可承受之轻。

这样的鲲鹏式的想象与传述其实充满了挑战，是惊世骇俗而不是韬光养晦，是气势逼人而不是随遇而安，是自我张扬而不是委曲求全。固然老庄并提已为历代读书人接受，但庄子的骄傲劲、潇洒劲、夸张劲、逍遥劲一呼便出，他可不是人往低处走（一位学人这样概括老子的思想）的主儿。

春秋战国那种恶斗不已的情势下，你可能不为世用，蹉跎一生；你也可能幸运一时，朝为座上客，你还可能旦夕祸福，突遭横祸，夕为阶下囚；你可能事与愿违，屡遭诬陷；你可能志大才疏，福薄运蹇，一辈子穷愁潦倒……再没有了绝对精神的绝对无条件的胜利，你还能有什么呢？精神胜利、精神胜利，不在精神上，你能在哪里得到有把握的与永远的胜利呢？

回到我们当下社会和生活中，许多人每天忙忙碌碌、辛辛苦苦、焦头烂额、四处碰壁，无非是为了争名夺利，最后是丧失自我也丧失寿命，这是何等的荒谬，何等的自讨苦吃！因名利而有所快乐，有所忧愁，有所挫折，有所进取，那是舍本逐末的愚蠢，是自戕自毁的糊涂，是丧失自我的迷失。那么，什么是本，是贵，是重要的呢？是生命，是自我，是逍遥，是解脱，是与大道在一起，是处于道之枢纽、与一切等距离。反过来说，就是视名利为无物，视名利为粪土，摆脱名利的桎梏，拒绝名利的诱惑，绝对不为名利冒险，不为名利轻生丢命，也不会为名利而缴出自己的独立和自由自在的舒展。

名利愈多就愈不自由，就愈成为名利的祭品。说到底，名利不是心肺，不是肝肾，不是灵魂，也不是心地，名利是俗出来的，是俗人闹腾出来的泡沫与臭气，然后由更俗的人们人云亦云、鹦鹉学

无官无职，相对自由一点，逍遥一
点，自在一点，心以快乐，舒服多了。

舌、以讹传讹的结果。我们有什么看不开放不下的呢？

当然，庄子讲得实在痛快，就像他写到的鲲鹏嘲笑那些小飞虫、小家雀一样。但也有一个问题，多数人很难做到像庄子那样的淡泊名利，超然物外。

让我们更平实地讨论一下名利的话题吧。我们需要承认，名是荣耀，也是方便，是生活质量的一个组成部分。用一个新词，名也是软实力，名大则路宽，你很难否定这方面的事实，哪怕这只是片面的肤浅的事实。确实很多人浪得虚名，其实只不过是哗众取宠的结果，是赶上了机会，如白岩松的名言，拉条狗上中央台，它也会成为全国最具知名度的狗。利就更不用说了，逐利者里什么样的乌龟王八蛋没有？这又如何呢？西方的说法，生活并不公正，但仍然可爱。

名利不公正，不公正又怎样？你能使全世界的名利都天公地道起来？名利仍然有一定的吸引力，名利至少是一种调味品，使平凡的生活增加了一点滋味，使冷漠的生活增加了一点温度。但我们要时刻警醒：这个滋味也许有毒，这个温度可能有假有害。对名利，我们不妨也有一点儿艳羡之意，不妨也偶一为之，看看名利离我们有多远。然而绝对不能听任名利异化，不能听任名利控制了我们自己。与我们自己的人格、生命、理念与逍遥相比，与大千世界的规律、本原、伟大相比，名利实在不值一说。名利如酒肉，见酒肉而想尝试尝试，非大罪也，但你的人格与目标毕竟比一盘肘子或者一盏二锅头高得多。名利如同搂草打兔子，如同读完报纸卖废纸，顺手一做就是了，不是目标，不足动心，更不值得为了名利而殉之。切记切记！

所以庄子通过他的这个鲲鹏的说法，起码给了我们一个可以说是自我调理和自我提升精神境界的参考和启示。让我们得以了解自古以来就有这么一种东西，通过这个东西可以表达一种精神的高超、一种精神的超越、一种精神的独立。我高于你们一般的人，你们最在乎的那个，我不在乎！为什么我不在乎？因为我有更高的境界，我有更高的快乐。在这个境界当中，我才是我自身的主人。

在这个境界当中，我不管遇到什么挫折，遇到什么不利的事情，我仍然保持一种自我的信心，仍然保持一种对自己实力的一个足够的掌握，尤其是保持一种逍遥自在，与万物同游、与天地同在、与大道同在的这样一种心态。

第二讲

无用之用，大于有用之用

乘瓠而游出自《庄子·逍遥游》，是庄子与惠子之间因一个大葫芦的有用无用一说而展开的一场辩论。庄子用浪漫的想象力对抗惠子的思辨，让我们感受到庄子内心的那份孤独、空茫，也聆听到庄子对人生、对世界那份自由、逍遥的追求。

一个可爱但不可信的故事

庄子这人太有意思了。惠子总是充当他的辩论方，然而惠子也很可爱，智商也非常高。庄子他不跟惠子辩论，他还精神不起来。《逍遥游》里两人有这样一段对话：

> 惠子谓庄子曰："魏王贻我大瓠之种，我树之成，而实五石，以盛水浆，其坚不能自举也。剖之以为瓢，则瓠落无所容。非不呺然大也，吾为其无用而掊之。"

大瓠无用，可信，但不可爱。乘瓠浮游也好，散发弄扁舟也好，可爱，但不可信。可爱的许多东西，并不是真实的月与花，只是想象中的水中月梦中花罢了。

既然它不能盛水，也不够用来做别的，
干脆坐上这个葫芦在江河湖海中游动、
游玩，庄子这种思想一直影响着后世，
坚信天生我材必有用。

什么意思呢？惠子讽刺庄子。惠子说，我听说过这么一个故事：魏王得到了一粒种子，这种子长成了一个大葫芦，这葫芦大到什么程度呢？将这个葫芦的心挖空，可以装五石的容量。过去讲究石、斗、升、合，这都是容器，是度量衡的工具。可这葫芦长这么大你怎么用呢？在这葫芦里装水吧，葫芦很脆，一下就裂了缝，水哗啦流下来了。把它劈成两半吧，裂开后又不能当工具用了。若是这葫芦长得小点儿我们倒有法子，过去农村尤其是河北农村，包括新疆农村都很喜欢用葫芦做工具。因为过去没有自来水，得挑水，挑上两挑或三挑，把水缸装满。用水的时候，就用这轻巧的葫芦伸进水缸舀一瓢水，非常方便。如果是葫芦太小了不好用，那就拿来当玩具，这个倒简单。葫芦不大不小，正好用来舀水。那么这个特大的葫芦，用它干什么呢？当然，葫芦还可以当容器，用来装别的东西，或者是别的什么用途。庄子一听就笑了，说一看你就是只会往小了用，你就不懂得往大了用。

这个庄子说话啊，是故事里套故事，他马上就讲一个故事：

> 夫子固拙于用大矣。宋人有善为不龟手之药者，世世以洴澼絖为事。客闻之，请买其方百金。聚族而谋曰："我世世为洴澼絖，不过数金；今一朝而鬻技百金，请与之。"客得之，以说吴王。越有难，吴王使之将，冬与越人水战，大败越人，裂地而封之。能不龟手，一也；或以封，或不免于洴澼絖，则所用之异也。

庄子说，春秋战国时期，有一个地方，当地的人都是靠洗衣为生。以洗衣为生就要防止一件事——手皴裂，尤其是冬天的时候。所以当地人发明了一种擦手润肤的外用药，这个擦手药涂上后，手沾到水，风再一吹，不会皴裂。结果有一个高人，就来买这个药方。用现在的话说就是买这个知识产权，我不买药，只买药方，而且我一下给你们很多钱。当地的这些洗衣服的人心想，我们靠洗衣服挣得太少了。现在有人一下拿这么多钱来买这药方，卖给他！于是，这个人拿了药方以后跑去献给了吴王。

吴王（吴国即现在的江苏一带，越国是浙江一带）正要和越国打仗，越国的水多，吴国军队很怕到了越国沾了很多的水后，身上这儿长皴、那儿长皴，皮肤受不了，所以就把这个药方和制出来的药当作军需用品、军事物资。最后由于吴军使用了按照这个药方配制出的药，保障了他们皮肤不皴不裂，并且身体不生病，吴一举大破越国，取得了战争的辉煌胜利。那么这个献药方的人因此被裂土封侯，成了贵族。（这个故事稍微悬乎点儿。）

庄子说这个药方在村里那些洗衣服人手里，它的最大作用就是让他们继续洗衣服。在高级宾馆，洗一件衬衫能够给你三四十块或者更多的钱，但那些洗衣妇是挣不上什么钱的。那个人买药方，假设用了五万元，让人觉得这了不得了。但他把这个献给吴王以后，瞬间变成了军需物资，支援了水战，军队以此取得了战争胜利。这个人也因此被裂土封侯，光宗耀祖。你看这不同的人对不同的事物有不同的用法，平常人就不会用。

再来说这个大葫芦，大葫芦很好办啊：

今子有五石之瓠，何不虑以为大樽，而浮乎江湖？而忧其瓠落无所容，则夫子犹有蓬之心也夫！

既然它不能舀水也不能用来做别的，干脆坐上这个葫芦，在江河湖海中游历、游玩，让它成为一种水上旅游或者个人逃避尘世、逃避朝廷、躲开公众、自我救赎、特立独行的新项目，用当代的说法，视之为体育活动或旅游新招也未尝不可。庄子的想象力当然远远超过了向他发难的惠施。惠施谈的是实用，是操作性掂量；而庄子谈的是想象，是浪漫性抒情。虽然此情阔大张扬、无边无际、优哉游哉，其乐何如，以浪漫辩务实，仍会有诡辩——即避实就虚、高空立论、以忽悠代替讨论、以艺术想象取代日常生活的嫌疑。浮于江湖，偶一为之或有可能，将之视为大瓠（瓠就是那个大葫芦）的用途，技术性问题恐怕太多。惠子已经预设，大瓠脆而不坚，舀不起那么多水，水往上一舀，它也“嘎巴”就裂纹，难道经得住一两个活人坐在上头航行？乘着这个在江河湖海中游玩，恐怕是只有“中国横渡第一人”张健才敢吧。

但是庄子这个心态让你觉得好的没有办法，你拿他没辙，大葫芦不能当工具用，我把它当旅游用品、交通用品、当水上五日游的用品，他是这样一种心态。而且这种思想一直影响着后世。我们知道，李白名诗：“弃我去者，昨日之日不可留。乱我心者，今日之日多烦忧。”然后底下他说道：“抽刀断水水更流，举杯消愁愁更愁。人生在世不称意，明朝散发弄扁舟。”既然人生有这么多让人不愉快的事情，一想到这些事情就会心乱，有很多的焦虑。那么怎么办呢？

我们把这些东西全抛弃，把头发散开，也不拢头了，也不吹风了，也不用定型胶了，头发随便它什么样。然后坐一条小船，在水上，在洞庭湖，说老实话，古人讲海上的游玩少，喜欢讲的是江湖，乘瓠游于江湖。

李白的这首诗里头，尤其是谈到散发弄扁舟部分，我们可以看出庄子乘瓠而游于江湖的这样一个影响：自由、逍遥、孤独、空茫，接近于、消失在地平线上。这又怎能不让人为庄周与李白感到悲凉呢？然而很美。用粉丝们对张爱玲的说法，叫作“凄美”。浮游江湖的阅读审美性能，大大超越了思辨功能，更不具备实践性。它同样是哲学为人类困境寻找答案的无力与美丽的空话果实。正如王国维感叹：“世上的哲学，可爱的多不可信，可信的多不可爱。”说大瓠无用，可信，但不可爱。乘瓠浮游也好，散发弄扁舟也好，可爱，但不可信。一切不是真实的月与花，只是想象中的水中月梦中花罢了。

无用之用，方为大用

那么到底什么东西是有用的呢？且看惠子与庄子这段更绝的对话：

> 惠子谓庄子曰："吾有大树，人谓之樗。其大本擁肿而不中绳墨，其小枝卷曲而不中规矩，立之涂，匠者不顾。今子之言，大而无用，众所同去也。"

惠子说的是什么意思呢？说有一棵树叫作"大樗"，实际上指的就是大臭椿树，说这个树长得非常难看，盘根错节、歪七扭八、枝不像枝、干不像干、木头不像木头，没有用处，没有任何用处。你砍了它当柴烧吧，它很难砍，你砍不动它；你把它当建筑材料吧，它没有一个东西可以当建筑材料的。细的地方当椽子，它不行；粗的地方当坨、当梁，它也不行。白白地挺立在大路上，没有哪个师傅会看中它。你庄子的言论就像那株大臭椿，不中规矩，不中绳墨，臃肿卷曲，都是没有用处的话，它是无法被人们的常识所认同的。

这样一个欲扬先抑的形象已经令人鼻酸："大本拥肿"、"不中绳墨"、"小枝卷曲"、"不中规矩"，呜呼！这究竟是绳墨出了问题，规矩出了问题，还是树出了问题？树大难为用，材大难用，材大难容，这样的故事在中国历史上岂是罕见？匠人不多看一眼，这样的大树姥姥不疼舅舅不爱，却又老大的块头儿，怎不令人扼腕！多少庸人宵小，冠盖京华，颐指气使，而斯树憔悴，用杜甫说李白的词就是"冠盖满京华，斯人独憔悴"：一君庸人跑到首都混成了VIP（要人），而天才的李白，过着清贫、寂寞、寥倒、悲凉的生活。一棵过大而又突破了现有规格的树只能被抛弃被蔑视被嘲笑，悲乎中华！

还有，这里惠子有一点狭隘。如何这么说呢？这就如同说话的作用不仅仅在于说出的话一定要有什么实际的用处。正如刘震云的小说中所讲，从有用的观点来看一个人一天所说的话，其中百分之九十都是废话。但语言还可以有别的目的，如示好或示恶，如说"我爱你"或者"我讨厌你"，有用还是没有用呢？再如抒情与发泄。还有说话本身能够疏解压力，改变心绪。如炫耀表演，目的在于被夸赞；如讽刺幽默，聊为一笑，在于解构那些装腔作势；如劝解宽慰，意在心理治疗；如插科打诨，解闷罢了……除此之外，说话还有利于增加肺活量。

庄子听了惠子的这番话，笑了：

……今子有大树，患其无用，何不树之于无何有之乡，广莫之野？彷徨乎无为其侧，逍遥乎寝卧其下。不夭斤斧，物无害者，无所可用，安所困苦哉！

庄子说，哎呀，有这样的大树多好啊，把它放到一个无人的广漠之处，让它自然生长，然后你逍遥自在地在这大树底下休息休息，好好睡个觉，又安全、又舒服。所以庄子认为，无用之用是最大的用处。这几句话浩浩茫茫、舒舒展展、大大咧咧，可以说是美妙至极、豁达至极、膨胀至极、华美至极、寒光闪闪，东方或寰宇不败了。

而且庄子还说，这棵大树为什么能长那么大，别的树长不了那么大？就因为它没用。它有用，它适合当柴火，一斧子早砍没了。它适合当木材，人家盖房啊、打家具啊、做舟车啊，早就把它砍了。正因为它什么用处都没有，别的树全砍了，唯独留下了它。它因为自己的无用而保全了自己。

有用你能保全吗？有用的话，这儿要用你、那儿也要用你。你在这儿被用，对于那个人来说是背叛；你在那儿被用，对于这边来说是背叛。春秋战国那个时候，你在这一代红火了，下一代君王一换，你完蛋了。所以无用之用才是大用。这里还有一个说法叫作大树底下乘凉啊，当然在庄子之后出现的“大树底下好乘凉”这话也是讲大树之用的，这话又是别的含义了，有依靠、依托、寻找背景之意。但是庄子讲的“大树底下好乘凉”，没有任何背景色彩，没有任何权术色彩，没有任何心计，就是说有一个什么都无的广漠之乡，在这个地方有一棵大树，你可以在这棵树下好好乘凉、好好休息。

这里还有一种理解，树太大了显得张扬，不招人待见，但仍然可以供游人留影纪念，并为此购票，树大了至少能起到微薄创收的作用嘛，何必较真去讨论它到底有用没用呢？以旅游的观点，“类花瓶”的摆设，一切没有用说不定都有用呢。

所以，这里又讨论了一个问题，无用才是最有用。这话说得很俏皮，所以我们可以想象，这个庄子不得了，这个庄子说什么都有理，真是煤球也能说白了，而且你越是这么说，我就越偏从那一面说。说树有用，树有用，被砍啦；说牲口有用，牲口有用，脖子被套起来了，或者宰了吃肉了；说大树没用，大树没用，它能享其天年。庄子挺能抬杠的，我们说孟子好辩，其实庄子更好辩，而且他张口就来，一点儿都不费劲，就把你驳得体无完肤。

但是让我们想一想，当一个社会要提倡无用之用，无用才保险，越窝囊您才越守得住自己，谁窝囊谁就幸福，谁白痴谁就能应对自如、自得其乐、消灾免祸、苟活一辈子……这个社会就有点不对劲儿了啊。所以庄子这些非常开阔、非常美好、非常巧妙的故事中，让你感觉到有时候他在说反话，有时候他还有点儿郁闷，他有点儿憋气，再往严重里说，这话说得好沉痛啊，这是控诉！这是血泪！痛哭流涕不见得是最悲伤，痛苦得只能哈哈大笑，只能嬉皮笑脸，只能找个没有人待见的大树底下乘凉睡觉了，天啊，这才是痛苦的极致。前面还提倡鲲鹏展翅九万里，还神气得不得了、牛气得不得了呢。紧跟着他一个跟头栽下来，变脸成没用才好嘛，没用死不了，谁有用谁先死。我们不能不惊叹庄子内心世界里那股“于无声处听惊雷”的不平或大平、太平、全齐了之气势。

庄子的这个说法后来也影响到大诗人李白，李白的诗里也有这方面的困惑和自慰，李白他要安慰自己，他说："天生我材必有用，千金散尽还复来。"这首诗是李白在不为世人所用，那个世道、权力系统不把他当作一号材料来看的时候所作，所以他写了很牛的诗。如果李白已经被重用，如果李白当了宰相，如果李白当了兵部尚书，如果李白已经是一人之下，万人之上……那李白绝对不说这个了。他要再说"天生我材必有用"，人家就会说："那当然了，你这都兵部尚书了，你当然有用啊。我上哪儿去啊？谁用我啊？没人用我呢。"所以李白也正是由于自己不被重用、不被看好，所以他才有这个说法，叫作"天生我材必有用，千金散尽还复来。""千金散尽还复来"也是因为他没钱才这么写诗呢，如果他是世界首富，如果他是比尔·盖茨，他说"千金散尽还复来"，人家会说："你压根就没散过，你光攒了，是不是？你有这么高的利润，你独占鳌头，你别得了便宜卖乖了。恐怕是大家散尽了，你那儿复来了。"那个时候，大家就会有另一种思想。

说了李白了，再说说杜甫，诗圣杜甫与诗仙李白一样，对于大材难用的现象有自己的思考与极痛苦的感受。他在《古柏行》一诗中写道：

孔明庙前有老柏，柯如青铜根如石。
霜皮溜雨四十围，黛色参天二千尺。
…………
落落盘踞虽得地，冥冥孤高多烈风。
…………

不露文章世已惊，未辞翦伐谁能送？
苦心岂免容蝼蚁，香叶终经宿鸾凤。
志士幽人莫怨嗟，古来材大难为用。

杜甫从武侯祠前的一棵老柏树身上慨叹诸葛亮的一生，也慨叹古往今来的人才悲剧。杜甫干脆点明：“古来材大难为用”，正因为是特大号的柏树，九条牛也拉不动它，它是无法被重用的，它只能闲置在那里，要“为世所用”其实就是为封建朝廷所用，您先得翦伐，一翦二伐，先得把你修理得光秃秃、顺溜溜、服服帖帖，一句话，“用”的前提是您要变成得心应手的封建奴才。这是封建体制下无法纾解的人才悲剧，有大才的人最后只能郁郁不得志。这反而没有什么难以理解，这已经成为常理、常识。

至于诸葛亮，他像大树一样伟大参天，不但根系如石头一样强壮，能接地气，而且由于它长得高，老尺两千多，他也能参天，就是能接天气，天气指的是云龙之气，朝廷的名号与权力之气，汉皇叔之气。他得到了刘备的重用，叫作与时际会，不失时机地被蜀汉一号人物刘玄德所倚重与使用。这位诸葛武侯，虽然落落盘踞，有自己的地盘，有自己的职位，有自己的平台，而且如同在此树上栖息过鸾鸟凤鸟一样，他诸葛亮的存在与被重用，给蜀汉吸引来了不少贤臣名将，他的人才战略取得过不少成就，但仍然由于他的人格的孤高，材质的巨大而与现实拉开了距离，他招引了灾难性烈风，招引了蝼蚁小虫的困扰。

为什么材大难用呢？权力系统不见得欢迎材大之人，材大之人对于庸人——甚至于对于庸臣庸君，即对更多得多的资质一般的人客观上是十足的威胁，乃至可以说是伤害。真正的人才不想与谁争锋，却仍然会遍体鳞伤直到树敌八面，原因就在于人才对于非人才的危险性即客观上的挑战性。人才的光辉不免刺目，使庸人眼睛都睁不开了。庸众也不欢迎大材，大材一活跃，偷鸡摸狗、蝇营狗苟的鼠辈们还怎么样活下去？社会平均水平，容不下大材呀。所以杜甫最后也只能说几句空话解解心宽有志之人，特立独行的幽深幽渺之人，您也不必唉声叹气了。历史规律就是如此，从古至今，都是材大难用啊。

不唉声叹气，不怨天尤人，知道自古以来大材不易欢迎了，怎么办呢？杜甫没有说。李白说的则是“天生我材必有用”，您得耐心等待。但是等了半天没有等到皇恩浩荡，没有用成怎么办呢？其实李白一生的命运也充满坎坷，他也没有说出个“天生我材终无用”的实际遭遇下，您该如何是好！

倒是庄子给了个答案，早就给了答案：牛牛地苟活吧您老！像大椿树一样地荫庇着那些因材大而不招待见的李白杜甫之流睡大觉吧，或者有像懂得材大宜大睡而绝对不宜大干的庄周一类人物，找棵大臭椿遮挡太阳然后足睡吧。这像是绝无牢骚的牢骚，这像是心甘情愿的不情愿，这像是卑顺透顶的诅咒，这像是豁达得没法再豁达的伤肝郁肺、气炸了胸腔！

无论如何，庄周的意图是为千古士人寻找个自我拯救自我解放的法子。据说，唐太宗（一说是宋太祖）见到应考者从科举考场走出来，得意地说，“天下英豪尽入我彀中矣”，几千年来，中国的读书人就是在这样一个圈套、这样一个痛苦之中煎熬着挣扎着闹哄着与出丑着。庄周也罢，魏晋名士也罢，当然他们不可能懂得反封

你砍了它当柴烧吧，它很难砍，
你砍不动它。你把它当建筑材料
吧……它不行……无用说不定是大用
无用说不定更能够保护自己。

建、社会分工、独立思考、公共空间、公民社会之类的范畴，他们至少是来一个“不入彀”主义，“无用才是大用”主义，“睡大觉主义”（有点儿像民国时期的“叉叉麻将国事管他娘”主义，“乘瓠而漂游”主义），消极中不无风雷，百无聊赖中不无惨烈！

横看成岭侧成峰，我们再从不同的角度来探讨一下庄子的对于有用无用的看法。庄子对这个用和无用或者不用，他很在乎。所以他要雄辩地论述无用说不定是大用，无用说不定更能够保护自己。这说明中国的历史，由于它权力系统的完善和绝对集中，由于社会资源的绝对集中，每一个读书人，我们称为士人也可以，用现代语言就是成为知识分子。每一个知识分子、每一个读书人、每一个士人，他都碰到一个问题，我如何为世人所用？如何能够得到一个很完善的、非常成熟的权力系统的认可、支持、鼓励？让自己的一辈子可以过得很好，不是说你个人吃香的喝辣的，那是很一般、很穷极无聊的事。这里追求的是能够真正实现自我、能发挥出自己的作用来也算不白活一辈子。

而庄子在这一点上，他恰恰很怪，他非常轻视这些，轻视这种孜孜以求，等着权力系统重用，等着被权力系统待为上宾的士大夫心理。这样的日子，庄子是瞧不起的。《史记》上都有这样的故事：当权力系统想让庄子当个什么官的时候，庄子是如何骄傲。他说他绝不为权力系统所用，他认为被权力系统所用非常危险，须知，中国人早有经验，伴君如伴虎，在权力系统的运作之中，你碰到一点倒霉事差不多你就完蛋了，到时候你是悔之莫及。他是这种想法。

怎么造成的这种想法呢？拥有这种想法不等于说，庄子从出生，他就是对这个社会地位啊、财富啊、权力啊，从来不放在眼里，不等于说他生下来就如此。

这个原因不太好解释，最有可能解释的理由就是在春秋战国的乱世中，庄子看到了投靠权力系统太危险、太卑下、太肮脏、太可耻。最好不要做那么有用的人，让几方面的势力都争取你，你不是给自己找麻烦吗？最后你是动辄得咎。庄子他很有经验，很老到。所以庄子就提出：无用才是大用。无用，我就不被任何的权力系统、任何的世俗舆论所注意与左右，绝对不要让自己位于聚光灯下照射，绝对不出风头，这是庄子的一个铁律，铁律没商量！

相反，庄子起码可以安慰自己，用现代语言来说，就是我起码可以拯救自我。这个社会很乱，春秋战国，光山东这儿就又是齐国又是鲁国，今天香了明天臭了。到河南那儿又是什么郑国、宋国了。到湖北那边是楚国。春秋无义战，没有正义的战争，都是为了争权夺利。所以庄子追求一种什么呢？他追求一种自己对自己的安慰，没用更好，我不求有用。而且，对于一些人拜倒在权力面前那种丑态百出的样子，庄子也看得太多了。不用说别人，就说那些大人物：苏秦、张仪……那些人为了权力出卖朋友、杀妻灭子、弑君犯上……这些事件太多了，为讲天良、讲品质、讲格调的人所不取。一个读书识字、追求高尚的人，怎么可以为了投靠、讨好权力系统而做那些肮脏龌龊的事情呢。如同手机段子里说的：你是风云人物，你或是经历了沧桑，或是经历了肮脏。既不愿意在沧桑中没顶，又不愿意在肮脏中变质，怎么办呢？庄子的一套在那里等着你。

庄子“无用之用”的理论，以及“大用你不懂”的理论让人联想到孔子。虽然儒家、道家有的时候相互之间矛盾非常大，老庄都不乏对儒家的种种嘲笑、讥讽，甚至是诽谤。但这一类的观点它有相通的地方。孔子在《论语 · 公冶长》里说：

> 子曰："宁武子，邦有道则知，邦无道则愚。其知可及也，其愚不可及也。"

孔子说，这个宁武子太厉害了，当这个家国、这个邦国、他所在的诸侯国，很有道、很有章法，符合道理、符合规矩，按牌理出牌时，宁武子就表现出自己智慧的一面，也就是说我可以发表意见，我可以参政议政，我可以被诸侯、被君王、被国家所用。而当"邦无道"之时，国家乱套了，无章法，不按牌理出牌了，这个时候，宁武子"则愚"。他两眼一翻，我傻了，我病了，我脑软化了，我什么都不知道了。然后孔子又说什么呢？

孔子说，他这聪明劲儿好学，但他这到时候装傻充愣，不露破绽的傻劲儿还真真学不来。邦一无道他就傻了，遇什么事就翻白眼，再没能力判断任何是非正误了。他这一傻，也就没人找寻他了，因为一看就不行啊，糊涂了。这人也许是老年，也许还是壮年，壮年就痴呆了。孔子说这个是做不到的。所以孔子讲的"愚不可及"是说宁武子犯起傻劲儿来我想学也学不上。

宁武子他为什么邦无道的时候要装傻呢？也许不是装，不是计策，而是自然而然，到了该傻的时候宁武子他真傻，这种境界就更高了，这就叫入于化境了。这时候，傻就变成了你最大的用处，变成了你的救命法宝，变成了你的大智慧、大道行。你傻了，你不跟着干坏事了，你也不得罪那个权力系统了，换句话说，你也得罪不起啊。你不想干坏事但是你得罪不起要你干坏事的封建权力系统怎么办呢？只有傻起来。其实说装傻是不对的，到时候你得真傻，装傻如被发现了，你就是欺君，你有夷九族的罪过。所以庄子关于用、不用、大用、小用，才、不才、有才、无才的论述，可以说都是针对了当时的那种天下无道、纷争不已、无义战，而有一些士人又在那儿疲于奔命，在那儿求权、求地位，丑态百出的那种情况来说的。

从庄子的这些怪论之中，你可以看出，这是庄子对当时社会、当时处境的一种非常曲折的批判。这里的问题是社会、体制、权力系统要给无用的人留下空间。无用，无非是说不为朝廷所用，不为官场所用，你还可以有教无类，授业解惑，像孔子那样去抓教育。你还可以像范蠡那样带上西施去经商，美色金钱双丰收。你还可以像陶渊明那样退隐山林，“种豆南山下，草盛豆苗稀”，显然陶潜的农务得不怎么样，草比豆苗还多，能是勤劳致富的农家榜样吗？但也没有听说他的温饱出了问题或者他的劳动效率问题受到了指责追究。你还可以像李渔那样跟上戏班子到处走穴，成为早年产业化市场化的文艺工作者。问题是不能像晋朝的司马氏一样，对清谈饮酒的知识分子搞整肃，搞杀关管，那可就真的没有路了。想在大臭椿树下酣睡亦不可得了。

第三讲

自由、自主、自如，无待始能无忧

列子御风，出自《庄子·逍遥游》。列子，战国时代的传奇人物，相传他能乘风而行，不是飞行器，但是比飞机方便，不是磁悬浮，但是比磁悬浮灵动。乘风而走，轻虚缥缈，乐在其中，那个自在劲，令人羡慕。庄子在这里讲述列子的故事，是说即使潇洒如列子，仍然需要客观条件的齐备——有合适的风吹起来。而真正与天地、大道相通之人，是不需要等待任何主客观条件的，是可以自己掌握自己命运的。

自由、自立、自如、无待

《庄子》里讲了宋荣子这么一个人，这个宋荣子非常高明：全天下的舆论都夸他，他也不乐；全天下的舆论都骂他，他也不在乎。他搞得定内外的区分，不受物议即外物的影响。他辨得清荣辱处境的应对。他对世界，没有什么斤斤计较的追求。这点很不容易，在庄子生活的时期，他居然能够提倡一个人特立独行，一个人自己对自己要有充分的自觉、自信、自主。

不是有一个电视剧叫《我的青春谁做主》嘛，那么像宋荣子这种人，他就是“我的青春我做主”、“我的中年我做主”、“我的老年我做主”、“我的一生我做主”。我用不着跟着众人走，用不着随大溜。大家说这个时候出国最好，纷纷出国。那我就不出国，我出国干什么去啊？大家纷纷都下海，他偏偏不下海，他敢于坚持自己的选择，不受潮流的影响，也不在乎一时一事的得失，能够特立独行，能够不把自己的喜怒哀乐寄托在别人的反应上，这不容易，特别是在古代中国，因为中国没有个人主义的传统，没有尊重与珍惜自我的传统，甚至没有维权的传统。相反，我们有很多负面的说法，表达我们对于一个过分自信的人的反感，例如：刚愎自用、倒行逆施、自以为是、自找苦吃、不碰南墙不回头等等，只要一想到这些词，没有几个人有自己做主的勇气了。

说完宋荣子，庄子又说了一个非常有趣的故事：

> 夫列子御风而行，泠然善也，旬有五日而后反。彼于致福者，未数数然也。此虽免乎行，犹有所待者也。若乎乘天地之正，而御六气之辩，以游无穷者，彼且恶乎待哉！故曰：至人无己，神人无功，圣人无名。

庄子说有个叫列子的人，这个列子他能做到什么程度呢？他能驾驭风，他能利用风来飞行。但是庄子没具体地描写，他没有像描写鲲鹏展翅一样来描述列子究竟是在九万里的高空行动，还是在二尺五或八尺八的低空行走？这个他没有说。但是他说列子能够驾驭着风行走，“泠然善也”。泠呢，就是清凉。用现在的语言解释，就是他为乘风而行觉得很爽。你看列子，风一来，他借着风就走了，这个多爽啊！

“旬有五日而后反”。他走了五天，趁着风走的，不近了，他再回来。庄子认为列子很舒服，但是他仍然有做不到的。是什么呢？他“犹有所待者也”。庄子说啊，列子御风而行已经比别人爽多了，别人不会御风而行，不能乘着风车或者坐着风筝就走了，那时候没这个技术。但列子可以，不过他仍然有个缺点，就是他得等着风起来，风要不起来他就走不了(这有点儿像风筝，再好的风筝也得有了合适的风才能上天逞雄)。换言之，他仍然要等待某种条件。

前贤疏解《庄子》，一般认为“有待”是指列子还要待风，其实不然，也许还包括了待他的功力的发挥、待目的的选择，更可能是指他的境界仍然有提高的空间，是庄子有待于这样的境界更上一层楼。总之，列子御风还是有形与名的局限的，不是那么自然而然的。

真正有道行的人、真正得道的人应该是什么样呢？不管你刮风不刮风，我都能做到“乘天地之正，而御六气之辩，以游无穷”。我靠的是天和地的那个大道，天地之正道；靠的是宇宙之间存在的、永恒存在的大道。然后我驾驭的是六气。对于六气，庄学家的解释都不一样，有的说是指什么阴阳这一类的说法，有的说是指六合之气，六合是三维空间的，上下东西南北或者上下前后左右。简单地说，就是靠宇宙本身它的存在、它的大道、它的规律，我就能够想上哪儿去就能上哪儿去。这个话说得未免有些过于抽象，无可操作性，但也许正因此而令人敬畏。

然后，庄子提出了一个命题：叫“至人无己，神人无功，圣人无名”。至人，怎么解释呢？可以有很多解释，可以解释为真正做人做到位了。真正够格了，你的格儿达到了一定的标准了。这样的人“无己”，没有自己了。就是说你本人已经和天地相通了，已经和大道相通了，已经和大道结合起来了。这也让人一怔，刚刚说完了宋荣子嘛都不在乎，只相信自己，立马又说起“无己”来了。庄子要的正是这种天地之正、六气之辩、以游无穷——不游也全无所

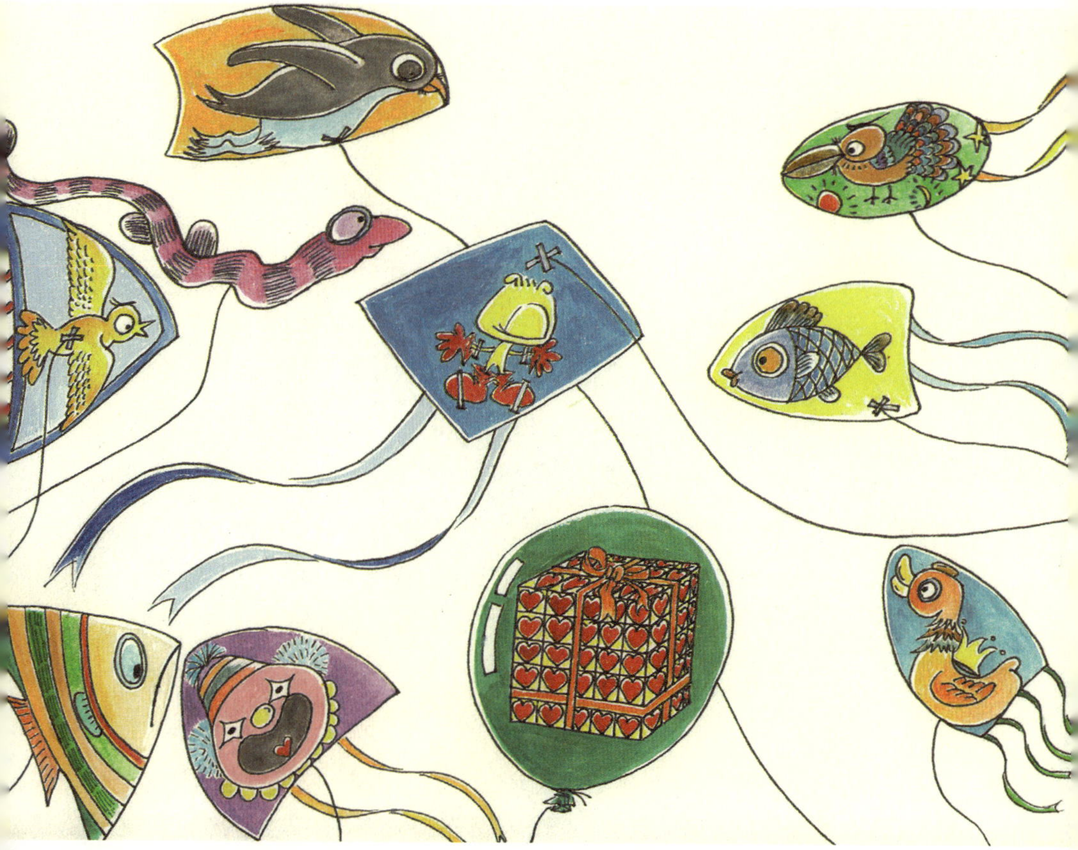

列子御风而行已经比别人爽多了，
就是……他仍然要等着某些条件……
等待机会运气，等待外依靠中介的力量！

谓。懂了无穷，体悟到了无穷，向往着无穷，趋向于无穷，这就是逍遥之游，这就是半仙之体喽！无穷才是根本，进入了无穷就能够做到逍遥地游个不亦乐乎啦，这样才能真正地解放，真正地逍遥，真正地游——物物而不物于物，即你可以使用外物，却不被外物使役；真正地主宰自身，优游自适。

庄子不遗余力地提倡，一个人可以特立独行，一个人不要有待，你不要等待什么条件、不要等待什么机会，你的命运应该你自己做主，你的命运应该你自己把握。这种观点是很好的、很不错的一个观点，是一种拯救自我的观点。在春秋战国时期，庄子提不出一套解决社会纷争、解决各诸侯国家之间混战的方案，庄子也解决不了当时的那种君不君、臣不臣、父不父、子不子、仁不仁、义不义的局面。那么怎么办呢？我救我自个儿，我不干坏事，我也不招你。起码我不因为俗人的世俗的舆论，弄得自己有时候高兴有时候不高兴。庄子提倡这种人格的独立。用现代的语言来说，庄子提倡自我的救赎，我救不了别人，那我先救自己。

我们对这种逍遥还有一种说法，叫作无挂碍，就是无所期待，无所妨碍，无所顾忌，无所忧虑，我行我素，我乐我生，我牛我自己的，庄子是很特别，他的这些话很容易变成了一种宗教，一种道门的话。庄子有时候是哲学家，有时候是文学家，有时候又是艺术家，不管是什么角色，他始终有一种宗教的情怀，也许可以称之为神仙的情怀和风格。庄子本身并没有创立什么教，后来的道教的形成以及后世把庄子封为“南华真人”，这些并不是庄子本人的事。但是他的这些想法的确有点儿接近宗教，就是说他并不完全受现实生活现实社会的拘束，他敢想象，敢抽象，敢向往，敢假定，从这一方面说，他比孔孟想象力强大多了。就是说一个真正最好的、最理想的状况叫作依靠天地之正，驾驭六气之辩。六气之间互相相通、互相作用、互相融合、互相冲击的这样一个关系，就是把一切大而化之、大而虚之、大而无之。庄子要的是无影无踪的伟大、无形无神的伟大，无标志、无道理、无规则、无来由，尤其是无法衡量、无法分析的天生的、混一的、玄而又玄的伟大，不但要思考想象这些伟大，而且要把这些伟大的作用发挥到极致。《水浒传》里的神行太保戴宗，就可以做到行走如飞，不知道他有什么特殊的方法，不用等风起来，这也是无所待。但是神行太保虽然“太”了，按说“太”也是极致的意思，但是他的功能只限于神行——快走。没有联系到天地、六气、大道上来。

我们还可以这样设想，一个人，你的修养高、修养深，你就无所待；你也不需要风，你也不需要雨。那么对于社会来说，你也不需要别人的推荐，也不需要找门子，也不需要有后台，你就是想干什么就能做到什么。

无待：通往自我救赎之道

庄子时代的科技当然不如两千年后，庄子时代的遨游也比不上两千年后的旅行，包括太空旅行，但是庄子时代的想象力呢？不一定比现代差，也有可能比现代还强一些。至少那个时候的诸子百家比现在的城乡在岗人员有更多的时间，有更顺畅的思路与习惯去胡思乱想，并有机会发表他们的胡思乱想。什么原因呢？两千多年以前，人们脑子里被塞进去的既成、既定的东西比现代人少得多。好比一个电脑，古人的内存与硬盘不比今人小，古人今人，脑子的生理硬件应该区别不大，但古人的数据库里没有装那么多正确的或不正确的乃至病毒型的数据，他们的脑子比今人操作起来灵活，开机也快，转换功能也快，调出数据也快，重新组合也快。而今人呢，生活在一个信息爆炸、数据超负荷的时代，尤其在网络时代，每个人脑子里都是一大堆真真假假、浮浮躁躁、浅浅薄薄的八卦信息，其中更有许多人其实已经处于半死机状态，光是浏览和表层记忆，已经占用了他的几乎全部功能与电力，他哪里还有余力想象、思辨、探索和论证啊！

宋荣子懂得内外荣辱，列子又比宋荣子高明一筹了，御风而行，已经比仅仅从知性上明了内外荣辱高明多了。然而老子和庄子，他们行文都有一个特点，就是高了还要再高。听到这个列子能御风而行，我们感觉这人道行太深远了。但是庄子告诉你，这个还不算高，还可以更高——风也不用御，自身与大道与天地合而为一，进入一种无差别的境界。

那要怎样才能达到这样一个“乘天地之正，而御六气之变，以游无穷”的境界呢？在并无太空飞行的实践与理论的庄子时代只能有一个回答：神游。

对于神游可以有两种解释，一种是低俗的，即你有特别的巫术、咒语、奇门遁甲，一做起法来，就上了天啦。另一种是哲理的，你的一百多斤的身体虽然压在坠在地上，你的精神却完全可以逍遥遨游于无穷，也只有进入了无穷、神游无穷、得大自在，才能做到至人无己，不必为自我的俗利而操心费力；神人无功，不必刻意去做什么不做什么，功，一个是功能，一个是事功，就是功绩，你不必苦练苦学、伤神害体，你也不必夜以继日、拼上老命，只要精神境界能提高，能解放自己，就能进入化境，行云流水，万事如有神助；圣人无名，自身的修养已入圣境，还要那个破名臭名虚名干啥？或者，“名”作概念与逻辑解，还费心费力地思想琢磨个啥，还苦思冥想、标新立异、装腔作势、转文咬字、发明各种新学说新名词个啥？

庄子这里说的其实就是用无代替有，用无为代替有为，用无待来代替有待，这又是符合老子的理念。老子的理念是什么呢？一件事你把它干好了不算好，你不干它，它自然就好了，这才算好。这个说法用北京话来说，就是听着有点儿矫情。他要求的太怪、太高了，但是你又不能说他没有道理。因为庄子所设想的那个真正能够和天道融合的这样的一个人，他本身道法自然，他本身并不刻意地去追求什么。他自然而然的每一个行为都符合大自然，都符合宇宙、世界、人生的规律。所以他不用特别费劲，这是俗人都可以做得到的。

老庄他们很潇洒、很从容、很满不在乎。你所追求的那些东西，你在那儿孜孜以求的东西，我在这儿不求便真的实现了、不求就能成功了。也许这个飞行或者准飞行或者神行太保，你不太容易理解，但是如果我们打别的方面的比方，这种例子就很多。

大家知道，文学写作就常常有这种情形，说特别的费劲，咬牙切齿，头悬梁锥刺股，1000字写了3000张稿纸，改了564遍，这样的文章你说能写得好吗？说实话，大部分情况，这种文章是没有写好的可能的。你没用那种最自然的感情、那种想象、那种语言、那种行云流水的词句表现出来，那种咬牙切齿的努力往往不能得到最好的效果。

当然，艰苦奋斗是需要的，有些科学研究是需要艰苦奋斗的，再比如军事战争这些东西，那也是需要艰苦奋斗的。但是文学之道，你如果太过于强调这种个人的努力，有时候不见得是最好的办法。人类的许多努力，如果过分惨烈的话，可能不是最最成功的选择，也有可能是还没有找到对头的路。比如说相传秦始皇派五百名童男童女去寻找不死药，这能有好的效果吗？比如说，过分的理想主义，将所有的不义、不健康、不科学、不全面都彻底消除干净的努力，往往也达不到最好的效果。西方有哲学家指出，有时候，去地狱之路，是由去天堂之念头所造就的。再比如，用转基因的方法所创造的新品种，对人间是贡献大还是危害大，也还莫衷一是。我个人最不能接受的就是“头悬梁锥刺股”的学习，不能接受用这种自我施加肉刑的方法来学习。谁也不希望今天的学校一味地要求学生加班加点，用这些方法来学习。

回过头来，我们再仔细地分析一下，有待和无待又可以被分成好多种情况。

第一种情况是等待客观条件。我们把这一生，自己有些事没有做，该做的没有做，都归咎于客观条件。安徒生是写童话的，写得非常可爱，充满爱心。但是他也有一些讽刺的像小品的异样的所谓童话，它不像童话了，那是大人话了。安徒生写过这样一个故事，他说一个人给自己写好了一个墓志铭，说我是一个伟大的作家，但是我还没有来得及写一个字；我是一个伟大的科学家，但是我发明的东西暂时还没发明出来；我是一个伟大的政治家，但是我连一个村也没管理过。大概的意思就是这样，他什么都是最伟大的，但是由于客观条件的原因，他都没做成。所以庄子无待的理论也有很积极的一面，就是指出什么事情你不要总等这个客观条件。

第二种情况是等待机会运气。有时候一个人老觉着旁人的机会和运气非常好，自己的机会和运气非常差。因此就等这个机会和运气，待这个机会和运气。但是这个机会和运气它就是不来，你怎么办？这个说单口相声行的黄蛤蟆，走到哪儿他的机会运气都是第一等，不管什么时候买彩票，他都是特等奖。可是全世界哪儿有这种人，能在全世界买三千次彩票都得了特等奖，这是不可能的。

第三种情况是等待与依靠中介的力量。用现代的话表达就是靠媒体炒作，或者是靠什么大人物进行举荐，还有是靠自己的奔走，甚至于靠自己用那个不符合大道的，用那个无道的方法来奔走。但这些有待的东西往往是失败的，是让你不能够得到成功的。

第四种情况是靠自己的奇思妙想，靠哲人的头脑，像老庄这样。人有想象的能力，更有想象的权利，想象权是每个人都能够为自己保持的一项难以剥夺的权利。我读《庄子》，不免感到自身想象力的贫乏，想象有益，想象无罪。一个理想的人，应该既敢既能务实求真，又敢想象求其神异、求其奇绝、求其振聋发聩。

第五种情况就是通过科学技术的发展使想象变为现实。这里说了半天，御风而已，无风而乘正气遨游而已，当今科学与工艺上都已经实现了的航空、航天、探月，早已超出了两千多年前的想象了。

庄子提出一个无待的观念，就是让你自己拯救自己。你自己的人格、你自己的一生，你得自己做主。庄子还有一个很可爱的地方，就是他认为这个人的道德的修养，对大道、对天道的掌握，一个人和世界的和谐和融合，它是没有尽头的，是没有所谓最高的，你高了还可以更高。

读武侠小说，最令人欣赏的部分就是小说中描写一种武功，这种武功当然是非常厉害的，大概还没有人能练成，这就是“旱地拔葱”，这是一种轻功。就是他“噌”一下子跳起来了，假设说跳了一米五，这个时候他用右脚把这个左脚的脚面一踩，“噌”又一米五，就三米了。这时候左脚再把右脚的脚面一踩，四米五了。这个呢，在体育运动里是做不到的，但是在读书修养历练上，在精神境

一个人如果精神上
真正得到了独立
、……能够做到无待，
他就……
比一般人更刻住，
比一般人更富有
一种精神的力量。

界的提升上，这是可以做到的。就是你高了仍然不够高，你像宋荣子一样了，你也不够高，你仍然是似是而非、似高明而非。你像列子一样，能御风而行了，你仍然不够高。即使你像唐尧禹舜一样了，也还是可以有更高的追求。

《庄子》里面净是对唐尧禹舜的不满，为什么庄子居然会对无人不称颂的唐尧禹舜不满呢？哈哈，是由于尧禹舜等人人气太旺，为后人称颂太过。庄子认为，唐尧虞舜吸引了一大部分人，让很多人称颂他们的德行、功业与成就，称颂他们是圣明君主。而有称颂也就会有批评，有热烈就会有冷漠，有拥戴就一定会有否定、反对、抱怨。那么好了，既然有了肯定又有了否定，就会有很多争夺，争夺好的名声，争夺自己在历史上的定位，争夺自己的威权威信，争夺这个中国士人最重视的所谓流芳百世，而要让自己的对立面遗臭万年。这就证明，尧禹舜等人的存在不能带来和谐与天下太平、长治久安，相反，你的树榜样的结果是天下多事，是评比挑剔，是互不服气，是在位时猛秀一把，叫作沽名钓誉。

那么真正伟大的圣明君主是什么样的呢？是无为而治，无威而安，无言而教化，道法自然。用老子的说法就是：太上，不知有之。就是说最好的最圣明的君王，老百姓根本就不知道他是谁，老百姓的感觉是：“日出而作，日入而息，凿井而饮，耕田而食，帝力于我何有哉！”太阳出来我干活，太阳下山我歇工，我听的是太阳的命令，喝的水是井里的，吃的粮，是地里的，一面是靠天上的太阳，一面是靠地上的水源与作物，跟皇帝老子关系不大。老子的理论是，越是老百姓不知道权力系统的作用，越证明了权力系统的高明和崇高境界。

老子和庄子有时候要求绝对化，就是高了还要再高。一米五了以后要求三米，三米以后要求四米五，他要求你连这个争的心都没有。所以庄子用了一种非常雄伟的气势，用一种非常雄辩的气势来宣传一种无用之用，宣传一种消极自保之道。宣传无求无为无名声无是非无正反无人拥护无人崇拜也无人反对无人骂娘。但一切道法自然，什么都不努劲，什么都做到最好，绝对不要称颂，不要人气，不上排行榜，也绝对不加美好伟大的封号，青史绝不留名，但实为天下的第一人。这说得实在太美好了，太理想化了。但是呢，又太缺乏可操作性了。你说它缺少可操作性吧，他又把它合理化成了拯救自我之道、破除迷信之道。

从庄子的这些言论中，我们可以想象，他将如何警惕、看穿、否定、唾弃那种古代的直到现代的个人迷信，那种肉麻的歌功颂德、热泪盈眶、匍匐跪拜、哭爹叫娘、谢恩表忠。庄子两千多年前就有这样的见地，他太厉害了。这个对人来说，有很大的参考与启示的意义，但是又不可能完全照办，完全照办也是会误事的。

平衡自己的心，获得信心与喜悦

人的私心杂念归结起来其实就是两条，一是焦虑，也可说是恐惧；二是贪欲。一个贪欲、一个焦虑，基本上就把一个人给毁了。金融、经济，以至于股票生意上的专家，说一般的人做股票，失败的多。原因就在于这股票一落钱，他就焦虑，他就惧怕，怕它再落，所以赶紧卖。这个股票一涨钱呢，他就贪欲心猛涨，他就觉着还有可能再涨，就先不买。最后变成了落钱的时候卖、涨钱的时候买。你想他能不赔钱吗?

一边是恐惧和焦虑，一边是贪欲。长期被恐惧和贪欲折磨熬煎的一个人，他干什么事能成功呢？我们想一想，一个人一生为自己的利害得失而在那儿陷入贪欲和焦虑的循环之中，这样的人不知道有多少。

所以庄子提出来：至人无己，神人无功。这里“神人”到底什么意思，庄子并没有解释。我们至少可以设想嘛，就是通神，就是他有了某种超人的力量，或者超人的训练，或者超人的功能，如果我们把神人往这个“超人”上来体会，应该是差不多。“神人无功”，他这个解释有一点儿故意和世俗作对，因为世俗最看重的是你的事功，就是你干成了什么事。如果你是武将，你打过多少次胜仗，你斩首过多少敌将；如果你是网球运动员，你得过多少次大满贯，法网还是温网还是澳网还是什么网；如果你是文人，你有多少著作，得过什么重要奖项；如果你是官员，你有什么政绩，老百姓给你送没送过万民匾。过去中国这个封建社会，一个官员去职的时候，如果这个官员在当地的官声好，给老百姓干了好事，大家给他送万民匾，最少一万个人在匾额上签名，有民之父母、两袖清风、光明正大、为民做主这么一些夸奖、歌颂的词句，这是事功。但是庄子他比较怪，他说这些事功不值一提，因为这些都是形而下的东西。那么神人无功，我不管你这些形而下的东西，我是神人我表现在哪儿呢？表现在我精神上的完整、优越；我精神的丰富和超拔。我做到自己在精神上完整、优越、丰富、超拔，有事功没事功没关系，跑第一还是跑最末儿没关系。我是官至王侯将相还是只当一个不起眼的小吏，一个副部级干部，没关系，都一样。所以神人无功，我看不起这个功。

同时，神人无功还可以解释为神人的事功是大功绩，是超出一般人看得见摸得着的具体事务的大影响大功德大改变。例如一个武将，拉弓射箭，舞刀弄枪，其功是看得见的，而他如果能有正确的决策，正确的谋略，妥善的操作，做得到像孙子说的“不战而屈人之兵”，他的功业反而不如打一个漂亮仗或是打掉敌方多少坦克、飞机、军舰更突显。无为之治，不言之教，不恃之为（不以之为本钱的作为），不宰之长（潜移默化，不以老板自居）他的事功，他的功劳，他的功能，他的超强的能力反而显不出来也不必显出来。庄子说得是多么好啊。

“圣人无名”，这个话有点儿意思，圣人为什么会“无名”呢？这个“圣人无名”里庄子有点儿潜台词，就是那个“骤得大名者”并不是圣人，而多半是赶上点儿了，是瞎猫碰上了死老鼠。时势造“英雄”，有时候需要那么一个人，扮演某个权力系统或反权力系统、某种理念或反叛需要的角色，他或她正好就应运而生了。有时候具体的事迹甚至有张冠李戴、勉强拔高的痕迹，已经成了角色了，也就将计就计、弄假成真了。还有时候，那只不过是迎合愚众，讨好一知半解、一瓶子不满半瓶子晃荡者的装腔作势，是自己作秀、是自己作表演，所以一下子得到大名，但是那不可能是圣人。圣人是默默地，你看不出来他干什么，但是他给自己的乡里、乡土、百姓、民人带来了许多的利益，很多的教化影响。

我常常喜欢提到一个词叫“民人”。有人不理解，说什么叫“民人”呢？因为“人民”这个词太现代，“人民”这个词已经高度意识形态化了。我们说到几千年以前的老庄、孔孟，就说他们对人民怎么看，那你听着感觉现代一点儿。有的把孟子的“民为贵”这些东西，解释成是孟子怎样地重视人民，你会以为这个孟子是20世纪的人了。反过来说“民人”，“民人”不是官、不是官人，就是一般的所谓平头百姓。

这些话放到这儿是什么意思呢？就是说一个人如果精神上真正得到了独立，精神上能做到无待，无须等待各种客观条件和主观条件，你能够做到无条件的精神的丰富和超拔，在这种情况之下，你做什么事都比一般人更到位，比一般人更富有一种超常的精神力量，而且你也能够在不经意之中就取得常人所没有的成绩。

跟外国的观念比较一下，外文里也有“圣人”这个词。外文的“圣”指的是使徒，是宗教的使徒。但是外国人很少用至人、神人、圣人，他们更喜欢说超人或者巨人。从这里面我们看到，无论中外，他们都有一种理念、一种信念，就是一个人，他的学问、他的能量、他排解困难的能力、他回应挑战的能力、他所树立的榜样，可以远远比现在的人们的平均数高很多，远远高于常人。其实《庄子》里还很喜欢用一个词，这个词叫“真人”，真假的真，真人恰恰说的是一种半仙之体的人。所以庄子本人在唐朝的时候被封为“南华真人”，《庄子》这本书又叫《南华经》。

还有一位有名的人，就是贾宝玉。按高鹗的后四十回，贾宝玉最后是跟着一僧一道走了，被皇帝封为“文妙真人”。一个“南华真人”是庄子，一个“文妙真人”是贾宝玉。这俩人起码都有一个特点，就是对功名利禄没有兴趣。《庄子》一书当中对这个真人是不断地发挥，譬如他说，“古之真人，其寝不梦”，这个真人睡觉的时候不做梦。睡觉的时候不做梦可不好，要按现代精神病学，睡觉的时候不做梦是精神病发作的前期征兆，因为做梦是人的一种心理调节，做梦是一种压抑的释放。但是庄子说“其寝不梦”的意思就是说他没有胡思乱想，睡得踏实，“其觉无忧”，庄子这一点写得好，很多人都是早晨眼睛一睁，各种发愁的事就都出来了，说电费没缴、房子漏了、下水道不通、孩子上学找不着合适的地方、父母生病挂不上专家号。只要眼睛一睁，各种忧愁的事就都来了。而庄子提出来的是醒了不发愁。

庄子的“其寝不梦，其觉无忧，其食不甘，其息深深”这个说法很有趣。“不甘”的意思不是说不甜，不甜你不放糖就可以不甜了，你加辣椒、加盐、加芥末、加苦瓜，它都不甜。所以“甘”在这里不是指甘甜，而是指“馋”，指味觉上的贪欲。

“其食不甘”，就是说他吃东西没有贪欲。“其息深深”，他的呼吸都是深度呼吸。庄子最早提出，说真人呼吸到踵，踵是什么地方呢？就是脚后跟，真人用脚后跟呼吸。这个说法被中国的佛教也接受了，有些高僧就说，你们呼吸是用肺呼吸，我们呼吸是用脚后跟呼吸。用脚后跟呼吸，这是怎么个呼吸法？这个脚后跟的细胞里头能进氧气吗？这个声乐中有颅腔共鸣、鼻腔共鸣、胸腔共鸣，有一些男声更要求腹腔共鸣，就是帕瓦罗蒂的那种腹腔共鸣。但是他们可以用脚后跟共鸣吗？所有的歌唱家都告诉我，不可能。脚后跟本身没有共鸣的条件与空间。它无非有点儿角化了的细胞、肌肉的细胞、骨头和血管，但这些都没办法共鸣。但是声乐艺术家们告诉我，脚后跟完全可能跟着用力，当你的呼吸用力的时候，力气一直用到了脚后跟上。庄子给人很大的启发，比如唱歌唱到上劲儿的地方，比如说帕瓦罗蒂唱到最后“欧索罗米欧”时，他全身都在使劲，他四肢的肌肉都在用力，他的脚后跟也在使劲。

所以，庄子说的真人以踵（脚后跟）来呼吸，实际上就是说，这个呼吸是在调理全身，他的脚后跟也参与配合了他的呼吸、他的心理调适、他的器官调适、他的呼吸调适。他就和心浮气躁划清了界线——绝不心浮气躁，哪怕我喘一口气，慢慢地这口气送到了脚后跟下面，深深地，然后我再把它呼出来。

“不知说（同悦）生，不知恶死；其出不欣，其入不距。”等等，他说了一大堆，什么叫“不知说生，不知恶死”呢？就是一切听其自然，就是说这个真人他完全摆脱了俗人的那些个口腹之欲、贪生怕死等。庄子是对生死看得最开的，该生自然要生，该走自然要拜拜。用不着在这上头下苦功夫，也用不着在这上头有所计较，也用不着盼这个、怕那个。

所以，庄子的理想是创造一种人格，这种人格对于大道以外无所求、无所期待、无所期盼，也就无所焦虑、无所忧愁。他这里对真人的这种描述稍微悬了一点，所以他也影响了道教的某些流派，产生了一些稀奇古怪的想法和做法，什么炼丹啊、气功啊，搞得走火入魔的。但是庄子更多的是引导了一个方向，他告诉我们，一个人除了考虑追求计较外界的成功以外（当然，按庄子的思路你最好尽量摆脱对于这种外在得失的在意），同时，你还仍然有可能通过提升自己和平衡自己的心理素质，使自己能够得到一种常人所不能够得到的信心和喜悦，从而改善自己的心理生理状态。比如说一个人都能自我感觉到自己的呼吸一直深入到脚后跟那里了，他还有什么心浮气躁、迫不及待、轻举妄动、如坐针毡的可能性呢？他不真正做得到了稳如泰山，静如处子，心平气和，这种令人认为是最佳的生存状态了吗？

这个对我们来说，也是有意义的：不管你碰到什么麻烦，仍然要尽最大努力来进行主观调节，将干扰与困惑降至最低限度，将优游广阔和深潜虚静，做到最大限度。

第四讲

不要追求虚名，不要搞错了主次、主从、主宾

越俎代庖，语出《庄子·逍遥游》。说的是中国上古时代的杰出帝王唐尧与隐士许由关于禅让皇位的一段对话。现在，“越俎代庖”这个成语流行得很广泛，常用来比喻处理超过自己职权范围的事情。

“越俎代庖”的故事

尧让天下于许由，曰：“日月出矣，而爝火不息，其于光也，不亦难乎！时雨降矣，而犹浸灌，其于泽也，不亦劳乎！夫子立而天下治，而我犹尸之，吾自视缺然，请致天下。”许由曰：“子治天下，天下既已治也。而我犹代子，吾将为名乎？名者，实之宾也。吾将为宾乎？鹪鹩巢于深林，不过一枝；偃鼠饮河，不过满腹。归休乎君！予无所用天下为。庖人虽不治庖，尸祝不越樽俎而代之矣。”

史书上记载，越俎代庖讲的是这样一个故事：唐尧发现一个特别高尚的、高水准的人——许由。唐尧就对许由说：“日月出矣，而爝火不息，其于光也，不亦难乎！”说这天上又有太阳、又有月亮，那么这个时候就不需要再烧个火炬，不需要再弄一个火把来照明了。如果出着太阳又出着月亮，你那儿还点着火把照明，这不是多此一举嘛。唐尧说这个话是什么意思呢？这个许由就像日月经天一般，许由就好比是天上的太阳、夜间的月亮。而他唐尧呢，不过就是一个火把。唐尧的意思是你许由出来了，我这儿已经黯然无光了。

“时雨降矣，而犹浸灌”及时雨、季节雨、应时而来之雨“哗啦哗啦”下了，刚下完大雨，这儿又没完没了地浇水，这不是有毛病吗，这不也是自找麻烦吗。他的意思是说你许由既是天上的日月又是刚刚下过的及时雨。这种情况之下，“请致天下”——请你出来掌管天下，请你来主持天下的事务。

许由听了说：“子治天下，天下既已治也。而我犹代子，吾将为名乎？”什么意思呢？就是说你唐尧管理天下，天下治理得挺好，那我还出来代替你，有什么可干的呢？难道我是为了追求你唐尧目前的地位和名声吗？“名者，实之宾也。吾将为宾乎？”名是实的副产品，宾是次生品，你实就是你有政绩，这是实。你的职位呢，只是一个名，你的政绩才是实。而我没有任何我自己需要做的实的东西，我去取得一个副产品，这不是太奇怪了嘛！然后他解释，他说一只小鸟在树林里头，它有一个树枝就够用了；一只老鼠到河边去喝水，它喝不了整条河的水，它也只求满腹，只求把自个儿肚子喝饱就够了。

许由是什么意思呢？他的意思就是，我作为一个普通人，我有一棵树枝够我在那儿栖息，可以休息；有一洼水够我吃饱肚子、喝饱肚子，足矣！我没有更高的要求。现在天下治理得挺好，没我什么事，用不着我去掺和这个。

史书上的记载就更有意思了，是说唐尧找到许由，要把天下让给他。许由断然拒绝。走了以后还赶快找了一个泉水去洗耳朵，他认为唐尧说要把天下让给他，这是精神污染，这是污染他的耳朵，他从来没听过这种无聊的话。“将天下让到我这儿来了，我这么伟大、这么高尚的人，我追求那些吗？所以我赶紧把耳朵洗干净。”

这个故事流传至今也只是开展旅游的需要了——据说河南还有那么一处地方是当时许由洗耳朵的地方。这世界上的事就怕过度过分过梭儿，本来许由形象非常高大，非常让人佩服，对这个官职、对这个权位一点儿兴趣都没有，可这个洗耳朵的故事就说得过了。从唐尧来说，如果他是想让贤，许由不接受就完了，为什么要洗耳朵？肮脏？受感染？得中耳炎？不太可能吧。既然不接受，就已经谢绝了，就和你没有关系了。那个洗耳朵的行为给人一种“清高秀”的感觉，正说明你许由挺在意这件事，如果你根本不在意这件事的话，算了算了，一笑就完了，你该干什么干什么去了。

“予无所用天下为！”——天下对我来说有什么用啊，我管天下干什么啊，我管好我自个儿就完了，我掌握那么大权力干什么，我当帝王将相对我来说有什么意义，没有任何的意义。“庖人虽不治庖，尸祝不越樽俎而代之矣。”就是说这个厨子（这个厨子是指那些专门做贡品、祭品的厨子）没有去做贡品和祭品，那么领祭的人，主持这个祭典的人不能越过樽俎，不能越过那些厨具、餐具，代替厨子去做饭。假设祭祀当中有糕点，有的地方还有猪头，有的地方还有什么几大碟、几荤几素，这个不能由尸祝，也就是主持祭典之人去代替、包办。

么人都不要包办代替
做的许多事錯不是
干该干的没干，而是
由于不该干的你干了。

这个故事的叙述非常简单，其实是语焉不详。这个逻辑性不容易弄清楚，许由如果接受了唐尧的禅位，为什么就是越俎代庖？这个逻辑令人挺费劲，希望大家想想这个事，“越俎代庖”跟这个故事之间不能说完全贴切，但越俎代庖的含义，从字面上说，却毫无疑义。

越俎代庖——一个及时的提醒

“越俎代庖”这个成语传播得非常之广，这说明什么呢？说明越俎代庖是我们人间、我们中国神州大地上常常发生的一种现象。一种什么现象？就是本来不是你的责任，你要管。本来应该由厨子做的事，你这管理员非要做。本来应该科长解决的问题，结果你部长那儿批条子。你自上而下地包办代替、事必躬亲，把你累得一个臭死，结果还是有不良的反应。

这个说法有点儿意思。一个是从庄子本身的治国理政的思想，庄子“外篇”当中有一篇叫《在宥》，什么叫在宥呢？有人说“在”指的是自在，逍遥自在。其实可以当逍遥自在讲，也可以当存在讲。而“宥”呢，当“拥有”讲。在宥，就是说你是存在的，而且又是拥有天下的。指的是诸侯国家的权力集团，指的是那个君王和他的那些个治国理政的班子。

庄子他承认在宥天下，但是他不承认治天下，他认为这天下是管治不了的，天下应该让它自然而然地发展。“在宥”的目的是防止出事，你必须有一个权力的班子、权力的核心在那儿，这样它才不会出事。出什么事呢？他说一个是“移其德也”，一个是“移其性也”或者“迁其性也”。就是说一个是防止老百姓当中有人做什么事做得过分了；还有一种是怕老百姓受到某个不良的风气或者某种思潮的影响，而丧失了自己善良的本性。

庄子的思路很逗：没有一个权力的核心存在，没有一个权力的核心拥有这个天下、把握这个天下，天下会乱，这个国家肯定会乱。但是没事你不要具体地管。当然这也是庄子的一种理念，也不可能完全做到。他这个观点，尽管解释得并不清楚，故事不详细也不生动，还没有那个“洗耳朵”的生动。但是越俎代庖这个话值得我们世代深思，就是什么事都不要包办代替。再一个，越俎代庖的意义是因为西方的政治学有一个纵向分权的观念。

先来说横向分权，譬如说山东省，旁边有河南省、山西省、河北省，那么更远一点当然还有很多其他的省。那么国外人家还有很多州、市、县，各种说法。这个权是横向的分权，山东省管的是山东的事，你不能做一个关于山西省的决议。当然，山东肯定也有援疆的任务，那也是中央让你援疆，不是你自己一个省，你说我要援谁就援谁，不是那个意思。当然遇到灾害、遇到什么特殊情况，出于一种纯粹的援助是可以，但是你管理的权限是在你山东。除了这种横向的分权以外，山东本身有文化厅、教育厅、财政厅，它也各有各的权力，这也是横向的。

那么纵向的是什么意思呢？你部门有部门的权限，你厅局有厅局的权限，你处室有处室的权限，你科室有科室的权限，你中央有中央的权限。省、市、地、县、乡、镇，一直到村，自然村，各有各的权限，尽可能地不要越俎代庖，你不要我直接替你办，这是一种说法。这种说法实际运作起来也有很多灵活性，有时候一些高级的领导也会做很具体的事情，譬如一场仗打起来了，这司令员过来了，正巧遇到一个紧急情况，这司令员抱住重机枪就冲过去了，有时候这也会成为一段佳话。但是总体来说，我们尽可能地权限要清楚，不要越俎代庖。

那么第三点更重要，这个越俎代庖反映的是老子和庄子他们在行政、理政、治国上的一个很怪的思路，他注意的不是让你干什么，他注意的是你干了哪些不该干的事。一个行政人员，一个官员有时候你犯的错误是你该干的事你没干。譬如说搞预警的，自然灾害你没有预警。地震发生了，你没有在第一时间来到现场组织救援，那么你失职。但是老庄他有个特点，他认为人做的许多错事不是由于该干的没干，而是由于你不该干的你干了，你不该说的话你说了。

老百姓本来很明白的事，你没完没了地这么一讲，老百姓他烦了，他不按你这个思路办了，引起逆反心理了。或者你的主观主义的指挥、主观主义的安排给这个实际的生活造成了损伤。这样的例子也很多，譬如我们从原先的计划经济来看，计划经济比较严密，比较合理，什么东西都计划好了，任何东西都不要让它有生产过剩、产品积压这些现象，所以计划经济是非常辛苦的啊。苏联第一个五年计划期间，全国买不着钉子，因为钉子太小了，他的钢铁生产里没有这项计划，他生产钉子干什么啊。但是你若计划得过分周密，人的脑子又是有限的，仍然会存在着各种的疏失，仍然会有遗珠之憾，仍然可能挂万漏一乃至于挂一漏万，你想到了一件事，还有九千九百九十九件事你没想到，因为什么事你都要想着嘛。尤其拿我们国家的经验来说，什么时候开始收割，什么时候入仓，什么时候清场，都由上边来定计划。这个非常困难。气候不一样、年景不一样、不同地区不同民族的生活习惯、劳作习惯不一样，这样从上而下的统一安排根本是做不到的。这种情况下，越俎代庖的结果肯定是达不到你的目的。相反，你尊重各个方面的规律，尊重人们的自然要求和习惯，有所引导、有所宏观调控，就可以了，其他可以让百姓自己办。

庄子还举例子，他说地老鼠，尤其是在神庙当中生活的地老鼠，它挖的洞特别深，为什么呢？它们经常会受到掘地三尺的侵袭，人们讨厌老鼠，要清理老鼠，怎么办？掘地三尺抓老鼠。庄子还说随着人们的弹弓、弓箭等技术越来越高，鸟也越飞越高，这说明什么呢？说明一只老鼠、一只鸟都懂得怎样保护自己的生命，懂得怎样使自己安全，能好好地活下去。更何况人呢？何况是民人呢？何况是老百姓呢？哪个老百姓不愿意过好日子啊，哪个老百姓不愿意自己平安无事啊，哪个老百姓他没事找事要找死啊，他要找不素净啊。所以呢，你要简政，你要无为而治。

尽管老庄的这些说法有的时候也有一面之词，有片面之理，但是他起码在这方面给我们一个思想、一个补充，就是你该管的管，不该管的你先看看、你先琢磨琢磨，你先让老百姓、让民人、让各级的官员、让人们自己先试着做一做，不要你都包了，你把一切都定好。这个是不可能的，也是做不到的。所以从这个意思上来说，越俎代庖实在是很早的一个提醒，是一个对于简政的提醒，是一个对于每个人都要尊重客观规律、尊重人们的自然选择的这样一个提醒。一个人不要过分膨胀，你不要膨胀你的权力，也不要膨胀你的本事，你不要以为你什么都做得到。各有各的权限，各有各的本事，部长当得好的未必能当好一个财务科科长。会计的表格、出纳的表格你会填写吗？你会制定吗？从这方面来说，这些观点对人都是有正面的意义的。当然，你不可能完全按照他说的来做。

到了这里，我们也应该学习庄子的“旱地拔葱”之法，高了还要再高，攀登了还要再攀登，再上一层楼。让我们想一想，庄子不大可能单纯从行政管理或公共管理学的角度来谈越俎代庖的问题，他不像是要讲授MBA（工商管理硕士）或MPA（公共管理硕士）的课，他的想法深远得多也抽象得多，“古怪”得多也有趣味得多。他认为吾辈人类的许多作为、许多妄念、许多追逐、许多谋划、许多拼死拼活、许多加班加点，压根儿就是越俎代庖性质，就是多此一举、画蛇添足、没事找事、无事生非、舍本逐末、缘木求鱼、南辕北辙，至少也是事倍功半、心劳日拙、疲于奔命……干了太多本不应该干，也压根不归你管，干也毫无用处的事。人应该静下来、停下来、踏实下来，我们每个人都可以想想，多少年来，你做过多少徒劳无功、徒劳无益、适得其反、劳民伤财的事。只需稍稍从这个角度想想，大家都会多一点儿沉稳，多一点儿成熟，多一点儿心平气和，少一点儿吹牛冒泡，少一点儿浮躁狂妄了。这个见解有它惊人与动人的地方。

不要追求虚名

许由讲得有点儿花哨。要是当真不想干，似乎不必如此雄辩忽悠。但是他讲“名为实之宾”，反诘自己“吾将为宾乎”，就是说如果他接受尧的禅让，他就是丢了实去求名，丢了主而去求宾。主宾问题与禅让的是否接受并无那么贴切的逻辑关系，但是丢了实求名，丢了主求宾，倒是俗人的通病。人这一生，忘掉了实，却为宾而闹它个死去活来，这样的事已成人类通病。例如“文革”中有的老人，干了一辈子革命，最后却因等不到一个“人民内部矛盾”的结论而抑郁致死；有的还有这样的，堂堂知识分子成就卓著，却为评一个职称而痛不欲生，而心窄自戕，或丑态百出……叫人说什么好！

许由说：“鷦鷯巢于深林……”这话表面上极富说服力，几乎是不疑不争之论，问题在于天下的诱惑并不仅仅是提供给你深林与河水的资源，而是吸引你实现自我，发挥生命能量的极致。这里也许仍然适用庄子的名实之辩与主宾之辩。你能不能做到满足于深林一枝与饮水满腹，这恰恰是庄子最最较真的地方。这正是庄子所提倡的心斋，即不仅是斋戒你的口腹之欲而且是斋戒、修剪、删削你的精神需求，减少你的精神预期，无求则无亏欠，无期盼则无失望。当你的需求仅仅局限于维持最低水准的生存，局限于不过是巢于一枝与饮而满腹。不要求温饱以上以外的东西，不要求生存权以外的权利。对于禄蠹、官迷、吸痈舐痔之徒的蝇营狗苟则要深恶痛绝。这样的提出问题不无意义，但这是与横死相比较，有巢有饮比死于非命强多了，这好比秦相李斯受到腰斩之刑前，对将与自己一同就戮的儿子哭着说，想牵着黄犬打兔子已经不可能了。问题不是每个人都以腰斩作标尺来衡量自己

以退为进，以屈求伸，以近于零、
趋于零自居，以如零的自我定位
求得无穷大的、永恒的、与无所不在
的大道与本真。
道

的处境，这样人们也就很难以有巢有饮作自己的人生目标了。

古今中外都有正派的知识分子对禄蠹、官迷们嗤之以鼻，认为这样的人和事丢人现眼、丑态百出、不堪入目。但这里说的某一类特定的正派人即君子，他们多数人是以精英与高雅的姿态来讨伐禄蠹官迷的，所谓“不为五斗米折腰”（陶潜），所谓“安能摧眉折腰事权贵，使我不得开心颜”（李白），所谓德王有很多而贝多芬只一个，还有关于贝多芬不但轻视德国皇帝也轻视尊重皇帝的歌德的故事，他们都是以自己的智慧与道德优越感，以自己的超众的才能学问创造发明绝活为本钱，拒绝向权力与财富低头的。总之，这些厌恶功名利禄的高人，都是有专长有境界的，都是很牛的。

而庄子则是走了另一条相反的相当极端的路：他干脆否定一切社会性集团性的努力，否定王侯权贵，也否定学问的追求与争论，他为自己与门徒树立的榜样不是王侯、不是诸子百家、不是鲲或鹏、不是类似李白或贝多芬式的天才专家，而是小小的鷦鷯与偃鼠。

奇哉庄周之文也，可以生猛地介绍鲲与鹏，介绍高寿的冥灵、彭祖与大椿，也可以一个猛子扎下来，变成了鷦鷯与偃鼠了。精英型的知识分子，是以睥睨世俗的姿态实现精神的跨越与拔份儿。而庄子的姿态是降低自身的要求以至于无，以小巧的鸟儿与低贱的老鼠的姿态，摆脱俗世名利权位、是非功过的羁绊，求得一己的逍遥与自由。他的方法可以说是以退为进，以屈求伸，以侏儒的姿态求大道，以近于零、趋向于零自居，以如零的自我定位，求得无穷大的永恒的与无所不在的大道与本真。我是零或趋向于零，所以我是大道。这个思路够伟大而又神奇的了。

他并不从外部跨越而踏倒或迈过世俗——他不是用智慧、学问、终极价值、一代宗师教主的身份等等为武器为资源来藐视世俗，庄子认为金钱、名誉、地位、官职是世俗，智慧、学问、终极价值的制定，直到宗师也罢教主也罢，也仍然是世俗。他要做的是从内里先否定功名、地位、头衔、威望、德行、智慧的任何意义，他认定对有冕王与无冕王都应该不屑一顾，他主张远离世俗、避祸避险避忧，以避让一切世俗的追求，从而得到自身的平安与快乐。

除了个人主观上的优游闲适、逍遥自在，庄子不相信、不承认任何其他的事功、利益、名声、（社会与政治）地位、影响力、德行、舆论（物议）、奉献、奋斗、获取、胜利与失败，直至健康与疾病、长寿与夭折的意义。除了“我自己”的舒适感、自在感、自由感、满足感与对于其他事物环境的麻木感、忽略感，一切其他的感觉，概不承认。这种主张极端化到了令人吃惊的程度，同时也令人毛发悚然，一个活人怎么可能这样？与此同时，庄子的此种说法又令我们五体投地，任何人做到了这一步，确实是如仙如圣，已经不是肉体凡胎了，已经做到了超级的威武不能屈，贫贱不能移，富贵不能淫，外力不能干预，不能生杀予夺，不能影响扰乱促进劝导；又绝对不需自我膨胀、雄心壮志冲云天，而只需两眼一闭，两耳自封，心中默默一想即可。

我想这里庄子首先面对的是那个时代的恶性竞争，侯王争霸，臣下争宠，士人争为世所用，而这种竞争并无规则，叫作天下无道，大家都在赌博，碰运气，赶点儿，旦夕祸福，朝成暮败，你砍我杀，血腥涂炭，孰能无过？孰能免祸？这种情况下还忙着进取功名，不是活腻了又是什么？

庄子之所以如此激愤与极端，还因为他面对的是一个更加无奈的事实。古代中国，一向是权力、荣华、富贵、各种资源高度集中的社会。一个读书人，一个有大志与高人一头的能力的上层人物，如果与这样集中管控的资源不沾边，沾不上集中强大的资源的光，单凭个人的才智奋斗，常常是作用有限，事少有成，而他的一生只能是郁郁不得志，穷愁潦倒，倒霉蛋一个。而一个相对的草包，碰对了点儿了就硬是大放光芒，颐指气使，不服不行。而且你越是有所期待有所特长有所雄心壮志有所真见识真本领，你的失败就越明显，你的挫折感就越是十倍百倍于旁人。包括屈原、贾谊、司马迁、李白、杜甫……都难逃这样的命运。上述提到的人物，还都是赫赫有名的，更惨的是那些没有等你崭露哪怕是微露头角，就被命运吞噬的无数人物。别人看不透，聪明透彻如庄周者也看不透吗？

第五讲

就是需要精神胜利

槁木死灰出自《庄子·齐物论》，全句是“形固可使如槁木，而心固可使如死灰”。就是说一个人，他或她的身体、他的外形就像一棵枯干了的树一样，而他的心呢，已经冰凉了。庄子用此成语表述了另一种生命状态：人进入了一个高度的“沉潜”的境界，回到自己内心世界以后，对于世俗小事就不看在眼里了。

哀莫大于心死
与哀莫大于心不死

尽管庄子是奇才奇论奇文奇理，他只能通过精神胜利来自我安慰、自我挽救、自我运气练气功，而得不到事功上的胜利。你说我得不到胜利吗？哈哈，我压根儿还不相信胜利，更不稀罕胜利呢！读之不无阿Q精神渊薮的观感。

洋人特别喜欢用“face it”（面对）一词。我们前边也讲了庄子所面对的险恶形势与竞争条件。同时，这里还有一个与社会环境无关的状况，有一个人生竞争、社会竞争本身的先天的悲剧性，人们常常忘记了面对，而庄子是忒面对了。那就是，不论多么有条有理天公地道的竞争，优胜者得意者是少数、极少数，劣败者、失意者、碰壁碰得头破血流者才是多数，大多数。例如全世界那么多运动员却极少有人能参加奥运会，奥运会上那么多优秀运动员，只有极少的人才能得到金牌。除却这极少数幸运儿，谁能不痛失金牌？谁能不功败垂成？谁

不论多么有条有理，天公地道的争，优胜者得意者是少数……败者……头破血流者才是多数……对……一个人失望的一切，只能自救，能超度。

能不将心血梦幻付诸东流？即使得了金牌，你又能保持多久？你在人老珠黄、谢幕回身、过时遗忘之后又当如何自处？

在美国这样一个提倡生存竞争、从理论与法制上至少是声称力图规范竞争规则，而绝对不会提倡老庄之道的无为与不争的国家，也常常发生竞争中的失败者绝望疯狂，变成杀人狂，变成恐怖分子、社会渣滓的恶性刑事案件，或者也会发生竞争中的侥幸者幸运儿腐化堕落、失常、歇斯底里的悲剧，许多大明星就有这样的事。网上说，成功人士的身后，有的不是沧桑或者就是肮脏。成功人士的滋味也是谁难受谁知道。比如美国的玛丽莲·梦露，谁说得清她的人生滋味？谁说得清是她更幸福还是一个种菜种花的农妇更幸福？

而我国早熟的哲人庄子，过早地感受了这一切竞争的荒谬性与悲剧性，他痛感了成功与失败的双重的悲剧性与歇斯底里效应，他发现了竞争的恶化定则，应该叫悲剧性法则：即竞争的结局是两败、多败或各败俱伤，争来争去一场空，争到最后，胜者发疯爆炸、负者绝望灭亡，庄子他过于聪明地，也是过早地唾弃了这一切。

庄子的这些想法虽然绝对片面，却仍然极有意义，极富启发性。后现代的对于现代性的深切反思当中，就包含了可以与庄子共鸣的元素。也许我们还可以举海明威的《老人与海》的例子，他在此名著中宣扬了美国式的硬汉精神，他声言“人生来不是为了被打败的”，这听起来不错，但是那个孤舟独人与众鱼相拼搏的老人最后得到了什么呢？他得到了巨鱼的骨头架子，却连一片肉也不存。这究竟传达的是硬汉精神呢，还是庄子的无用即有用呢？

古往今来，我们必须面对，我们曾经面对，庄子早已面对——面对而全然无法改变那些面对了以后令人失望的一切，结果只能自救，只能超度。庄子知道他没有办法改变人类的一切特有的麻烦，例如各种良性争夺（他基本上没有见过）与恶性争夺（他见得已经太多）的麻烦。

他尤其怀疑儒墨那一套应该叫作饮鸩止渴、火上浇油的规范与观念。他认为这些规范与观念令生存与政治、社会竞争更加细腻而又惨烈，虚矫而又无孔不入，空洞抽象而又含混模糊。为什么呢，依了儒墨那一套，人们不但要争具体事功的胜负，还要争规范与观念：一，谁的规范与观念最正确？二，谁的言行最符合正确的规范与观念？

比如，海明威的故事里，如果老人只是一个渔夫，好办，出海安全，打到了一定数量的（例如可以卖钱挣到温饱）鱼虾，就可以被认为是成功的，反之，则是失败的。但万一，老渔夫接受了儒家墨家的道德规范教导，这样，人们不但要在利益的范畴当中，在权力的范畴当中，在社会资源的分配当中，在渔业活动、打鱼的数量质量效益的范畴内争，而且要抽象地争名分，争意识形态，争价值观念，争教门教派，争奖杯名次，争牌坊匾额，即不但要争脑袋与身体，还要争帖子、标签、旗帜与外衣包装。

庄子认为，儒墨那一套与其说是在助人，不如说是在害人。诸子百家的一己之见，并不能拯救人生、指导与端正竞争。诸子百家们完全没有能力改变社会结构与资源配置，庄子看透了他们也看扁了他们。庄子想的是他只能拯救灵魂、拯救自己，他的唯一选择是搞精神的一己的胜利与陶醉，搞精神迷醉。面对竞争，庄子的精神是绝对消极的。面对自己的心境、自己的精神世界，庄子的说法却洋洋洒洒、花样翻新、奔腾活泼、出神入化、高调入云。他的泛化的与高雅的阿Q精神，上升到了哲学、学理、智慧、终极——神学化、宗教化、文学化也艺术化的程度。他的神龙般、风驰电掣般、奇花异草般的想象、表达与论辩，成为一种少有的阅读享受。

我这里无意以阿Q的名称来轻蔑庄子，毋宁说我有以庄子的名义替阿Q找一点理解的好意。对于阿Q，恐怕也不是靠一味嘲笑能于事有补的。中华民族历史上许多时候处于逆境中，经受了太多的试炼，却又有多次咸鱼翻身、起死回生的经验，中国人必须常常安慰自己、鼓励自己，哪怕有时候是哄着自己，坚持坚持再坚持，相信相信再相信，相信最后胜利属于自己。除了乐观再乐观，中华民族难道有其他的选择吗？可又不能说除了阿Q主义我们再无其他的精神依托。

事实上，庄子并没有在几千年的中华文明史中成为祖先们的主流，我们的主流仍然是庄子所说的儒墨之属。阿Q也毕竟没有成为我们的精神范式，我们的范式仍然是从孔夫子到孙中山，是刚健有为的主流意识形态与核心价值体系。儒墨的规范观念常常不能落实，这是事实，即使不能落实，有一点点规范与理念比没有好，即使不能落实，你也不可随意否定这一套范儿，这更是一个事实。西方的许多思想界的成果与旗帜，包括基督教的救世与宽恕的理念，它的忏悔意识、谦卑精神、契约精神、先知精神和救赎精神……柏拉图的理想国的理念，以及西文世界永远挂在口头上的关于科学、理性、民主、自由、独立、人权、责任的理念也常常不能完全实现，但仍然不能排除这些理念本身的积极意义。

庄子也罢，贾宝玉也罢，他们对于社会的主流价值系统其实是一个挑战，是不无叛逆色彩的。然而，他们的造反又不是真正的造反，正像后来有所谓跪着的造反一样，庄子是坐着的造反，是静坐打坐闭目塞聪的造反，是最最消极的造反。而宝玉是混世的造反、颓废的造反，是埋头于与姐姐妹妹们的玩耍又没完没了地悲哀着的游戏型哄闹型造反。他们没有行动，他们从未想过也未必有可能想到采取什么行动去改变环境，他们能够做的只有改变自己的思路改变自己的心理结构与世界观。

但这里毕竟公示着逆向思考的可能性、趣味性、启发性与教益性。老子讲：大成若缺，大盈若冲，大直若屈，大巧若拙，大辩若讷。太完美了太巨大了反而像是（或必定是）暴露了自己的缺陷——与完美相比，谁无缺失？太充盈了，反而像是（或必定是）暴露了自己的空虚——与全知全能相比，谁不空虚？太正直了反而像是（或必定是）暴露了自己的曲折、曲线、曲为行事、委曲求全（求全就要求全直，直中有曲，就不是全直了，反过来说大直必全，只有大直大德才能最大限度地全面。而全的结果必含有曲的因素，就必然有摩擦争夺火拼，就必然伤伤损损缺缺漏漏，就没有办法太全。求全的过程必然是造成某些小小委曲、掩盖许多小小或不甚小的过程，例如一个权力系统，铁板一块，无懈可击，一呼百应，百战百胜，那么它必然付出代价，牺牲一些小争小议，委曲一些与大系统相比是小事的个性与个人自由）……

那么，说不定庄周有自身的大心胸、大智慧、大眼光、大慈悲、大志向、大自信、大自负、大使命感，而又生不逢时、屡战屡败，他必然会常常在绝望、自杀、狂怒与精神解脱之间进行选择；在铤而走险与难得糊涂间进行选择；在针尖麦芒、斤斤计较与大而化之、物而齐之间进行选择。什么都看透了，什么都明白了，什么愚蠢都没有了，说不定反而会像是（或必定是）阿Q一族的祖师爷了。

庄子可以在某些问题上与阿Q貌似形似，心有灵犀，但是未庄的阿Q君永远不可能写出《庄子》，当然。说到底，阿Q的精神胜利是一种不得已的本能，是一种将就凑合窝囊，而庄子是一套想法，一套说辞，一套理论，一套寓言故事直至一套想象辩论与精神奇葩，一套欲说还休、旁敲侧击、正话反说、反话正说、春秋笔法、且道天凉好个秋的修辞手段、文化策略、生存法门、智慧风景。

一个冰冷又鲜活的至高境界

槁木死灰，出自《庄子 · 齐物论》，全文是“形如槁木，心如死灰”，就是说一个人，他或她的身体，外形就像一棵枯干了的树一样，而他的心呢，已经冰凉了。比喻心情极端消沉，对一切事情无动于衷。庄子用此成语还表述了另一种生命状态：人进入了一个高度的“沉潜”的境界，回到自己内心世界以后，对于世俗小事就不看在眼里了，没有任何兴趣，不再受刺激、不再受引诱、不再受扰乱。

这个话很常用。《红楼梦》里就有这个话，说这个李纨，就是贾宝玉的寡嫂。宝玉的哥哥死了，但是还留下一个守寡的嫂子叫李纨，李纨这个人已经是形如槁木，心如死灰。其实李纨很聪明，李纨有时候还开开玩笑，有时候她就向着平儿，骂王熙凤，但是玩笑性的，说像你王熙凤这种人，你跟平儿你们得倒过来。过去是讲夫人和妾的，就是大老婆和小老婆的，两者身份完全不同，妻是主，妾是奴。李纨说啊，你王熙凤的这点修养你不配当大老婆，你只能当小老婆。这是她们互相开玩笑的。从她居高临下地打趣炙手可热的王熙凤这一点上，也可以看出李氏在贾府的级别地位是很高的，她是一个有“派”的人。

那为什么说她形如槁木，心如死灰呢？就是说她在守寡这一点上，跟一棵死树一样，跟一撮烧过了晾得冰凉了的灰一样，你再点什么火，她也着不了了。她对人生的这一方面，家庭、男女、婚姻、性，她是形如槁木，心如死灰。但这个话呢，并不是从《红楼梦》开始的，而是从《庄子》开始的，远在《红楼梦》出世前两千多年，庄子已经这样描写了：

> 南郭子綦隐机而坐，仰天而嘘，荅焉似丧其耦。颜成子游立侍乎前，曰：“何居乎？形固可使如槁木，而心固可使如死灰乎？今之隐机者，非昔之隐机者也。”子綦曰：“偃，不亦善乎，而问之也！今者吾丧我，汝知之乎？……”

这段话说的是什么呢？在《庄子·齐物论》里一开始，庄子说，有一高人，一个大学问家，一个得道之人，他叫南郭子綦，他的门徒，或者他的朋友，看到这南郭子綦自个儿坐在一个长条桌子后边，坐在那儿仰天长叹，身上没任何动作，脸上没任何的表情。于是他的这个朋友就问他，说您这是怎么了？堂堂一个人，难道他的形体就像一棵枯树一样，而心就像死灰一样，从形体到内心，就能够做到不带一点儿活气吗？“形如槁木，心如死灰”这个话就是从这儿来的。要没有庄子，咱们中国人少说很多话，很多话大家都不会说，这是庄子教给我们说这个话的。但是有趣的是庄子的这个话和它后来的流传的解释又是相反的。庄子认为“形如槁木，心如死灰”是人的一个最高的精神境界，不是说这人是发呆、发傻，也不是说这人灰心丧气，或者是像李纨那样，对某一方面的事情已经麻木不仁，已经丧失感觉，已经再无希望，已经不感兴趣，他不是指这个。他说的是人进入了一个高度的“沉潜”的境界，回到自己内心世界以后，对于世俗小事就不看在眼里了，没有任何兴趣，不再受刺激、不再受引诱、不再受扰乱，他能达到这一步。

所以这个时候南郭子綦，有的解释为“住在南郊的那个子綦”。这住在南郊的子綦就回答说，这不是很好的事嘛，说你看着我又像槁木，又像死灰，这不是很好嘛，这有什么可问的呢？形（或面）如槁木，心如死灰，这是至今鲜活如初的语言，庄子这几句写得好狠，绝对化而且冷冻化。后世的小说家言中常常以之形容坚定守节的寡妇或修行变性了的尼姑，有时也可以以之形容绝顶失意的政客。这很妙，这里头包含着弗洛伊德的内容。没有比用这两句话形容——不单单是性欲，且是一切生的欲望的消失与毁灭——更生动的了。

“子綦隐机而坐”，子綦萎缩在小桌子后面，仰头长出一口气，静止、谦虚、低调，他的生命、他的身体、他的姿态既没有线条也没有式样了；嘘一口气当中却透露出某些块垒、某些自解与自得。这是得道者的标准姿态与表情吗？这是冷冷的骄傲与淡漠吗？这是失望者、悲哀者、麻木者还是迷茫者呢？是活人、病人、半死人、近死人、出家人还是绝望人呢？他是在嘲笑、蔑视世界还是自己？如果真的已经做到了“形如槁木，心如死灰”了，不是可以自闭经脉，自我冷藏，呼吸几近全无吗？至少仅留一丝鼻息还不够吗？而在一仰一嘘之中，是不是子綦老回想起了当年的鲲鹏飞翔之志、之梦、之火焰呢？或者说，这种作槁木死灰状也是展翅九万里的另一种形式呢，是另一种不得已呢？或者说，这样的槁木死灰的描写，恰恰是对于鲲游南冥，鹏动扶摇，大瓠巨树的自打耳光呢？不管你有多么巨大、高明、真人、仙士、圣贤，关键是做到形如槁木，心如死灰湿灰的半死状态呀。已经槁木死灰了，你的身高体重翅长容积覆盖大小与潜水飞翔能力，有用无用之辨，又还有什么意义呢？

今之子綦非昔之子綦，突出强调的是子綦的更上一层楼的精神境界、槁木与死灰的境界、吾丧我的境界。从子綦所讲的“今者吾丧我，汝知之乎”可以看出，昔者，昨者，就是说早先，这位子綦的修养尚未达到这一步，还未能完全丧我，还有我的残余，“汝知之乎”，子綦是以通报一项新发明新成就新水准的得意心情讲这个丧我的。这是庄子所主张的一个内心功夫，是一个处变不惊、不受任何干扰、任何伤害的无敌于天下的内功，是个人修养的极致。

这个槁木死灰说得稍微重了一点，槁木死灰它又和我们中国哲学，尤其是老庄哲学相通，就是提倡人内敛、深潜，不要浮躁、不要诈唬，你要对很多事能够做到淡定，以平常心处之。我们中国人比较喜欢这个，喜欢喜怒不形于色。老子的话，国之利器要深藏。你别老怕人家拿你当哑巴，把你卖了。知道你不是哑巴，你说那么多干什么，那么急于表现自己干什么。他讲的是这样一种精神状态。

这种槁木死灰式的状态，一般说来令人不易接受，从表面上看，什么叫槁木死灰呢？答：就是活死人，麻木不仁的人，对一切不感兴趣之人，就是活着却放弃了一切的人。什么是槁木死灰？比如打球或者只是看球，赢了，不喜，输了不丧气；比如吃饭，好吃，不爽，难吃或者饭菜不够，无反应；比如居家过日子，好事坏事、收益亏损、和美争夺……一概无反应，叫作一鞭子打不出一个屁来。对了，什么叫槁木死灰的境界呢？就是一个用了麻醉药的境界，一个用了某种毒品的境界，一个虽然用了毒品，但仍然能不失自我控制的境界。

为什么要做这样的人呢？

有另外的角度思考这样的为人之道。越是有智慧、有操守、有定力、有主张，越是心如止水，古井无波，不急不躁，不争不闹，不拉帮结派，不排除异己，不急于求成，不计较得失，胜不骄，败不馁，得不沾沾自喜，失不耿耿于怀；他或她永远处于最佳的主动状态，超稳定状态，打也打不倒、骂也骂不坏、捧也捧不晕、贬也贬不下、亲也亲不紧密、仇视也仇不掉人家的一根毫毛；他们能看得透别人，别人永远摸不着他们的底，他们以静制动、以后制先、以虚待实、以无胜有。既然大智若愚、大辩若讷、大直若曲、大成若缺，那么大智慧若枯槁，大热烈若冷灰，大柔韧若木头，大活泼若死灭也就是可以理解的了。

也可以理解为慎用、节俭、保存实力、韬光养晦。老子讲的三宝，一是慈，就是亲和，就是让世界充满爱；二是俭，就是节能减排，保存实力。在俄罗斯的库图佐夫抵抗拿破仑的时候，苏联卫国战争抵抗法西斯的时候，他们都注意不能轻易拿出后备力量，都要尽一切力量消耗敌人，总是要给自己留一手，这可能有助于我们从正面理解槁木死灰的深层意义。

槁木死灰这样一个惊人的命题是庄周提出来的，它已经成为了成语，成为了中华后人耳熟能详之语，问题是庄子是把这四个字当作难得的精神境界来形容的，我等后人受众包括《红楼梦》的作者则把它当作一个绝非理想追求，而实在是由于不得已才出现的可悲状态来刻画的，当然写到李纨，作者也有致敬之意。总体来说，它不是好话，不是祝福之语，不是吉祥之话。有趣的是，哲人提出了有新意的命题以后，被群众接受的同时也被修正着改变着内涵，可能是被浅薄化了，也可能是被调整过反而比原意更正常更健康一些了，这是很有意思的事。

庄子是特立独言的，他偏偏以如今用来形容绝望与活死人的说法来规定来命名伟大的得道者的基本品质。看来，庄子对于外界的与内心的不安、困扰、诱惑、戕害、折磨是太敏感、太体会强烈与难以忍受了。在那个混乱的、争夺的、血腥的却又是为野心家们提供了极大极多的机会的年代，在那个英雄辈出、奸雄辈出、群魔乱舞、冤魂遍野，如鲁迅所言欲稳坐奴隶亦不可得的年代，精英与自命精英们，谁不充满欲望、恐惧、侥幸、冒险心，谁不垂涎三尺而又坐卧不宁，谁不被外火烘烤吞噬，谁不被内火焦灼催逼？没有这种内外交困、屡战屡败、体无完肤、伤口淌血的痛切的直接或间接经验、体验，怎么可能向往槁木死灰的境界？

这里有一个庄子的名言，叫“吾丧我”。就是我已经把我给丢了，这“丧”不是说死了的意思，而是指“丧失”。古代的前贤们从咱们祖宗辈里就有这个解释，什么叫“吾丧我”呢？“吾”呢，就是真我，就是那个道性的我，符合大道的那个我，就是那个永恒的我，

只有水完全平静下来，静才能够平，
一个人也是一样……人进入了一个高度沉
潜的境界，回到自己的内心世界以后，
对于世俗小事就看不在眼里了……

哲学的我。而后边丢失的那个“我”呢？是那个世俗的我，是那个自顾自的那个我。“吾丧我”，就是那个纯真的、本质的、重要存在的那个我，不会去计较那些眼皮子底下的鸡零狗碎的小鼻子小眼的那个自私的我。这个解释非常好。

这么解释很好，不这么解释更好。什么意思呢？因为这个人呢，你很难截然地划分，我这么个人，我把我再分成两份、三份，一个是通情达理、思想深刻、胸有大志，而且能见人之所未见，能思人之所未思，这样一个深刻的、巨大的、高明的一个我；另外还有一个我，就是那个普通的我。不管谁都是普通人，有时候讲吃喝，有时候也计较收入，有时候也有意气之争，别人夸你两句你挺高兴，别人对你有误解说你点儿不好的话，你半天半天地生气，你甭管你官儿多大、你这地位多高、你财富多少，你都有那个最普通的自我，跟大街上的任何一个人一样的那种小的计较、小的不愉快甚至是小的坏心，嫉妒心、扰乱之心。你哪一点比我强嘛，凭什么你日子过得这么好？我给你搅和搅和。人都有这一面。

何必要把人挺费劲地分成这么几面呢？打个比方，一个美女，她经洗浴、美容、化妆、很好的服装打扮之后，她出来是美女。她回家了，心情也不愉快，头发也乱了，身上也有这个污秽，那个酸乏扭曲，有些虽然美丽但不舒服的服装，她也不穿了，然后随便弄一个宽大的袍子往身上一罩，那是不是她就不是美女了呢？是不是她一天有八个小时是美女，十六个小时不是美女呢？这么分析多费劲，为什么要费这个劲呢？

吾丧我，其实就是我把我忘了。这么解释我觉得更自然、更好，而且庄子没那么说，非得给他下定义。吾，在别处也不是当那个真我讲。我，在别处也不是当那个假我或者那个权宜的我或者那个世俗的我讲。整个中国的古代的文学史里头，吾和我没有上述的含义。庄学家怕读者误会，说我怎么能丧我呢？就告诉你，那个“吾丧我”，吾并没有丧吾，“吾”是那个好我。后面的“我”是差点儿的那个规格不够的我。

我们可以这么解释，就是人是完全可以做到在某种情况之下、在一定的条件之下、在一定的修养之下，有一种忘我的感觉。忘我这个词现在很普通嘛，不需要解释嘛。到汶川去救济灾民，确实把自己就忘了，你这儿正急着救人呢，饿你也忘了，家庭你也忘了，因为什么，那是生死的问题啊，就在这一刹那之间决定一个人的生死，你会忘我。一个好的老师在教学生的时候，他讲到最精彩的地方，他早把他自己的事情忘了，他自己有什么事啊，讲完这堂课能给多少讲课费啊，他如果还琢磨这些他能讲得好吗？咱们的运动员在那儿拼冠军的时候，拼决赛的时候，他还能想别的？想别的他准输。所以最令人反对的就是，记者采访刚打胜了的运动员：在比分僵持不下的时候，你是怎么想的？能怎么想啊，当时顾得上想什么吗？人家还得接球呢。假如你搞讲座，别人给你写了一稿，稿子中有“我当时想起白求恩来了，我当时想起刘胡兰来了……”这纯属扯淡。这些都是平常要想的，你真正到了关键的时候你什么头脑、什么思想都没有了。所以，不要把“吾丧我”复杂化，“吾丧我”就是说人是可以进入一个忘我的境界的。

然而这与庄子的“坐忘”又大大不同，庄子的坐忘与丧我，是在非高潮的状态下，在虚空无为无心无意绝对自然的状态下的忘却，是对于精神的、高潮、巅峰与激情献身的拒绝，是槁木死灰式的丧我，是冷如清泉的坐忘，甚至是冷如冰雪中的自得其乐，这带有中华文化的独特性。

当真做到了槁木死灰，做到了丧我、忘我、无我，会不会反而快乐起来、充实起来、骄傲起来呢？绝难，但是不无可能，这就是我喜欢说的泪尽则喜。这也就是泪即是喜，喜即是泪，大悲才能大喜，大喜才能槁木死灰。这是什么意思呢？从某种意义上说，人的许多焦虑、失望、急躁、愤怒、怨怼，有你本身的主观上的原因，你的幻想越多越高，你的挑剔失意也就越发多多，你的欲望越高越多，你的焦躁、饥饿感、不满足感也就越发大增。相反，如果你了解人生的艰难，了解尽善尽美的理念往往会与现实有着相当的距离，了解你一厢情愿的许多事都不是轻易能够实现的，你为自己的幼稚、莽撞、空洞与碰壁而确有所反思反省，你反而会更淡定也更豁达得多。

静是人生必备的定力

从我们今天来说，我们是把“动”看得非常重要的。尤其改革开放以来，很喜欢讲动感，说明它正在剧烈地运动着、变化着、进步着。说香港，香港是一个动感的城市，一个动感的特区，在那儿走的人都很急、都很忙，你看香港人，街上行人走路速度比我们快三分之一，大陆人往往觉得奇怪，这人都干什么去？他抢时间。韩国也喜欢表现他们的动感，韩国的官方有一个宣传项目，在各地举行，介绍韩国，这个项目对韩国的宣传就叫“动感韩国”，强调动感。

但是万物都是有动的一面也有静的一面，老庄强调的是静，庄子多次在《庄子》一书——所谓《南华经》当中，说静才能够正确地分辨是非、认识现实。他说你拿水来说，水动着能照出一个正确的形象来吗？不知道是不是当时由于没有现代的水银等做的镜子，所以这个人常常是要靠照着水里头来看看自己的形象。他说那水在那儿和弄着，你是没有一个正确的形象可言的，只有水完全平静下来，静才能够平，一个人也是一样，人的心平静下来，他才有一颗公正的心。他不是处在那个运动的那个安静不下来的状态。实际上静、动也是一对，应该说是一对双生子吧，有静有动。

一个人光静不动，这也受不了；有人光动不静，也受不了。现在这一类争论很多，人家养生的人都讲，生命在于运动，还举出许多例子来，全部是正确的。还有人提出来生命在于静止，他能歇、能静止、能保持平稳他才能够有生命。而有些老人甚至于说生命在于静止，他的例子就是乌龟，千年王八万年龟。为什么乌龟它能够长寿？是因为它能静止。其实这些都不是可以片面地谈的。

毛主席他也强调动，他最喜欢引用的词就是“流水不腐，户枢不蠹”。流水，水是流着的，这水是干净的，它不会臭。静水，一窝子死水，那很容易臭。可是它不断地流着，它在这个运转之中就能把这个腐化的东西，像细菌、毒素等不断地排除、不断地稀释、不断地冲淡。户枢就是门的那个轴，那个轴你转来转去、转来转去，它不着虫，那个蠹是虫子，蠹虫。如果你一块木头在那儿一搁搁上三年，那虫子早就寄生进去了。那毛主席讲的这个道理也对。但是庄子说，特别是对于个人来说，你保持你的心情的平静，保持你的心情的公正，保持你心情的淡定，我想这也是无可怀疑的。

事实上，我们的最佳、最玄妙的理念是以静制动、以气胜力、以退为进、以无胜有、以不变应万变、以少胜多、借力打力、韬光养晦、知其白守其黑、知雄守雌、难得糊涂。两千多年前，范雎就是靠装死，越王勾践则是靠装熊装贱取得了最后的胜利。这类常处逆境中的哲人、能人、阴狠之人或大志盖天之人，锻造出来独特的哲学，自然就可能把槁木死灰当成学道、道行、道性的最高境界。

宋朝，苏洵提出“为将之道，当先治心，泰山崩于前而色不变，麋鹿兴于左而目不瞬，然后可以制利害，可以待敌”。他说你要想当军事的将领，你首先要治心，就是你要有很好的心理素质，要把自己心理活动中的种种不足、种种弱点，当作疾病一样治疗、治理、整治良好。泰山“叭”的一声在你眼前爆炸了，崩了，你心不跳，连脸色都不变一下。“麋鹿兴于左”，一个小鹿在你这边出来了、跑了，“而目不瞬”，我眼睛连多看斜看一眼我都不多看。这个对定力也是极好的形容，说明一个人的沉稳。这点是太难做到了，我就深深地体会，一个人要想学到这种槁木死灰的本事太困难了。硬是不反应，这太难，这功夫深了。

在庄子当年的那个环境里头，群雄并起、天下大乱，春秋五霸、战国七雄，今天会盟、明天交战，忽友忽敌、忽上忽下，在那样一种混乱的环境中，你要没有一种相对平静的心态，你什么事也干不成。而当下生活更是如此，信息化技术的发达使人与人之间的交流更频繁、迅捷。一天当中，你会遇到好事，会遇到坏事，会遇到愉快，会遇到不快。每天，你会有五六个理由让你乐得发疯，同样，每天也会有十几个理由让你考虑自杀。你一天接了十八个电话，这十八个电话里头也许有三件事是让你心花怒放，让你高兴的事，也可能有八件事是让你很烦的事是催你付账的事，这都是有可能的。

如果你对外界的反应那么强烈、那么敏锐，碰都碰不得，经不住好事也经不住坏事，那么你能成就什么事呢？回归本源，正应了林语堂的分析，他说自古中国人喜欢的许多品质都类似老人的品质，不那么着急、不那么刺激，这种心态有的时候又被解释为一种定力。

庄子在外篇《刻意》里面又讲：

夫恬淡寂漠，虚无无为，
此天地之平，而道德之质也。

一个人他得能做到恬淡，恬淡的另一面就是贪欲，就是刻意追求，急于求成，你不要这样。把什么事看得淡一点。恬淡，恬就是说什么事你都让自个儿轻轻松松的、舒舒服服的。淡就是不刺激，不强烈，不激动，不执着，就是远离激动、血气方刚、撒癔症、歇斯底里。有一阵子咱们网上大讲血性，这太离谱了，不讲更改而讲血性，这是要干什么呢？名为爱国游行，却有少数不良分子去搞打砸抢，咱们太需要把心静一静了。

那么如果你做不到恬淡寂寞，虚无无为，你更加做不到槁木死灰一般地对待天下的纷争鼓噪，你会怎么样呢？于是有了各种的哭天抹泪，有了各种的仇恨愤怒，有了冤冤相报与以暴易（注意，绝对不是“抑”，那是安徽弄的笑话）暴，有了战争、暴政、造反、人间的永远的敌对与厮杀，至少是有了屈原也有了陀思妥耶夫斯基，有了《窦娥冤》也有了《悲惨世界》，有了“牛虻”也有了“切·格瓦拉”，也有了同样属于拉美的独裁者——智利的皮诺切特。于是大多数人的一生都是冤屈的，是被老天爷、社会、历史与他人他族他国欠了账的，是既痛不欲生又死不瞑目的。人生是太痛苦了啊。

也许当真的槁木死灰是我们所难于接受的，庄子也承认人需要一枝之栖，一腹之饮，他也不是无条件的，如果不让你吃饭也不让他睡觉，谁也受不了。我们至少可以想象，人应该有两方面，一个是追求，一个是不追求；一个是欲望，一个是恬淡；一个是动感，一个是平静；一个是努力奋斗，一个是适当休息、适可而止。人身上有驱动设施，也得有制动设施。有紧张的时刻，也有全然放松的时刻。有坚持性，也有灵活性。这样说，应该是大多数人能够理解的。

第六讲

人生的程序困惑与程序花招

朝三暮四，出自《庄子·齐物论》。庄子告诉大家：朝三暮四是一个包含了复杂寓意的词汇，这里既揭露了耍花招，也揭露了人和人之间的无谓的意气之争，庄子讲这个的目的仍然是提倡齐物，否定区分与争论。但我们也可以探讨它是不是忽略了时间点的意义、时间段以及程序的意义。

一个寓意复杂的故事

现代用“朝三暮四”指不太稳定、不太可靠的这样一个人或者是一组人。早上他这么说，晚上又一个说法，一会儿一变。这个词指的就是这种人。可是当初庄子讲这个故事的时候，寓意要比这个复杂一点儿、深刻一点儿。庄子在《齐物论》里讲，“劳神明为一，而不知其同也，谓之朝三。”就是说人面对着各种各样的分歧意见，有时候尖锐的两方在那儿争执，这种情况下这人很费劲，想把他们俩人的意见统一起来，想给他们相对立的两种思想、两种意见、两种说法、两种做法找出一点儿一致性，这个事非常麻烦，很难做到。

但是其实两边本来没有那么大的分歧，本来实质上是一样的。在《齐物论》里，有些学者专家就认为这个《齐物论》实际上是《庄子》整部书的关键所在、核心所在、纲领所在。这“齐物”是什么呢？庄子认为，你我，内外，彼此，是非，长短，乃至生死……其我辈人也是一样，我们争来争去，急赤白脸，不常常就是争一个朝三或者暮四吗？

实都差不多，都是一致的。但是人呢，就是看不到这一点，所以整天争你我、是非、彼此、内外。其实内就是外，外就是内，你的利益、我的利益都是一致的。然后庄子再发展一步，甚至于大小、高低、寿夭，这些都有它一致的方面，但人们弄不清，人们往往要打破了头来论证只有自己才是唯一正确唯一胜利唯一宝贵的，而与自己不同的一切，都是臭狗屎。

人们需要的是不停地寻找世界的同一性、企图把握那个最根本、最唯一的一而不可得，找不到真理，找不到一致，这样的生活是多么伤脑筋！人们忽略了，万物万象，本来是有同样的道理、同样的存在的依据、同样的作为大道的下载的性质。本来是相同的、相通的、相合的，却还要争辩不休，区分不休，劳神不休。

那为什么说实质是一致的呢？这就要听“朝三暮四”的故事，朝三暮四的故事说得也很简单：

> 狙公赋芧，曰：“朝三而莫四”。众狙皆怒。曰：“然则朝四而莫三。”众狙皆悦。名实未亏，而喜怒为用，亦因是也。是以圣人和之以是非，而休乎天钧，是之谓两行。

说有一个喂猴的老头儿，给猴子吃橡子，说“早上吃三个，晚上吃四个”。早上三个、晚上四个这太少了，这只猴子得吃多大的橡子啊。所以他也可能是早晨三堆、晚上四堆。反正就是用三和四作为一个单位吧，就是早晨三份、晚上四份。这猴子不干，太少了，这个早晨三份晚上四份怎么行呢？猴子闹得很厉害，养猴子的老先生就说，好了好了，早晨吃四份，晚上吃三份。这猴子一听太好了，很满意。其实就是猴儿太傻，你早上三份晚上四份，七份。早晨四份晚上三份，还是七份。因为橡子就是饲料、食物，就那么多，不管你用什么方法弄来弄去，一猴七份，不会更多，也不会更少。

这样一个故事，后来又被比较完整地出现在《列子》当中，列子讲到这个故事还加了一句，说“朝三暮四”的意思实际上就是说在上之人他耍花招，欺骗愚众、糊弄愚众。早晨三个晚上四个你们不满意，好好好，早晨四个晚上三个。说来说去还是一样。

这个故事太漂亮啦，我们这些自称万物之灵的物种，我们是多么酷似这些自作聪明的猴子们啊！

朝三暮四或者朝四暮三，每天都是七份，数量、名分、实惠，都没有任何区别，叫作背着抱着一般沉，叫作两五当然就是一十，但猴儿们的反应大相径庭。对于朝三暮四，大家愤怒，对于朝四暮三，大家喜悦。其实不仅猴儿如此，我辈众人也是一样。我们争来斗去，急赤白脸，不常常就是争一个朝三或者暮三吗？

可不是，吾辈大众，至今仍然把成语朝三暮四当作坏话，当作说一个人反复无常、前后不一、办事没有准头、说话不算数、没有责任心、颇有点儿靠不住、丧失了公信力的同义语。这本身就与庄子的原意截然相反，却原来，我辈的智商与狙公豢养的小猴儿们毫无二致。我辈之坚决贬低、坚决反对朝三暮四，与众可笑的小猴儿们毫无二致。

贾平凹曾经有言，一部文学作品里边的话语变成了成语，这乃是了不得的成就。庄周的“朝三暮四”已经成语千载了，然而，被理解与传承错了，庄子发明出来并普及成了成语的故事，被从相反的意思上理解了，其效果是庄子的齐物主张的反面，这究竟是庄子的悲哀还是庄子的成就？这究竟是现在吹得很热的国学的光荣还是无奈？

请研究一下接受与传播的道理，当人们一代又一代地将朝三暮四当作反复无常的同义语的时候，他们究竟有几个人读过庄子的原文？原文并不复杂艰深，读解都不困难，也没有产生过争议。那为什么要拧过来解释呢？都在那儿望文生义，都是浅尝辄止，都是跟着起哄。那个时候并没有网络，但是毛病与有网络的时候并无两样。被接受与传播，这是思想者、著作者的成就，比想出点儿玩意儿、写出点儿玩意儿却无人问津要神气得多，但同时，接受与传播意味着可能被大大通俗化、简单化、表层化、粗鄙化、浅薄化、望文生义化，而被延伸、发展、校正的可能则很小。许多成语背后都有这样的故事。

理论掌握了群众就变成物质的力量，这很好。理论掌握了群众就被历史的主体——人民所发展深化、丰富充实，这更好，太棒！同时，理论掌握了群众，也就改变了初衷，也就被群众的平均数、平均水准拉下理论的宝座，被百姓的普通生活的经验所修正，以至于面目全非……这样的可能性与现实性也不能被忽略。

看不透是愚蠢，看透了也是糊涂

那么我们来琢磨琢磨这个朝三暮四的含义到底是什么，大家一起来探讨一下。

第一就是万事万物皆有定量，皆有定数，争来争去并无大用。因为它就是这么个条件，就是这么多猴子，就是这么多橡子，你是先吃多后吃多，是早晨吃多还是晚上吃多，来回来去反正就是这么点儿东西，没有什么可闹的，你怎么闹也不行。特别是在春秋战国，那时候各诸侯国势不两立，你不服我我不服你，你要拉拢我我要拉拢你，我要会盟我要执牛耳，我要起这个主导的作用，或者我要统一天下。当时诸侯说的统一天下，并没有几大洲几大洋的概念，实际就是指神州大地。这是一个争论。

还有一个争论就是诸子百家怎么样修身齐家治国平天下，说法非常多。往好听了说，这是个学术争鸣的黄金时代，每个人都在发挥自己的聪明才智，都在那儿杜撰出一套自认为能够治理天下，能够繁荣富强，能够让百姓过上好日子的政治理论。同时又都抨击对方的、彼方的、异己的那些意见，说那些都是祸国殃民的害人意见，这个互相的争执也非常厉害。

当然，这样的徒劳无益的争论不仅仅是中国有，外国也许更厉害。比如说一些两党制的国家，竞选的时候争得势不两立，语言的狂涛足以把对方淹死，上了台了，执了政了，怎么样呢？许多情况下是换汤不换药。两党政治经常争来争去的往往也不过是朝三暮四乎朝四莫三乎罢了。

我还读过斯威夫特的《格列佛游记》，里面的“大人国”“小人国”的故事全世界家喻户晓。但是其中还有一个我认为是最精彩的故事，说是一个国王吃煮鸡蛋时，为了剥鸡蛋皮先磕大头，结果扎破了手，国王乃下旨，今后臣民吃鸡蛋一律先磕小头，为此，该王国保皇派成立了大头党，造反派成立了小头党，天下多事，内乱无止。这个大头小头的故事，其实含义与猴子吃橡子的故事相当接近。

庄子他眼光很透，老子、庄子他们有一双毒眼，这个“毒”在这儿是一个客观的叙述，是带有称道性的，不是贬义词。就是别人看不到的实质的东西，他们一眼就看出来了。你争论半天，最后还是就这点儿橡子、这点儿猴儿。你想来想去，你逃不出猴儿和橡子之间的这样一个大的总的关系。有时候双方在竞选的时候提的那个口号是很高很高的，互相争论的是针锋相对截然相反的，但是真执政、真上了台以后，他面对的是同一个国家、是同样的利害关系，有时候他也没有什么特别新鲜的招数能够拿出来。反正在野的时候，他都要用一种理想主义的词句骂一顿这个在朝的政党。他一旦掌握了政权，很多东西马上就都变了。20世纪末，美国的一位总统，他在竞选的时候就讲，我保证上台以后不加税。因为当时另外一个党提出来要加税的问题，他说他保证不加税。他说你们注意，注意我的口型，我说NO、NO、NO，他连着说了三个NO，而且拉着长声在那儿说。然后他上台三个月开始加税，开始加税的时候，有人说你当时说过不加税的。他说，是啊，我是说过不加税，但当时有当时的情况，现在情况发生了变化，那个时候说不加税是正确的，是我的主张。现在要加税也是完全必要的、正确的。

钱锺书先生在1957年开展反右斗争的前夕，写过一首诗，这首诗就是表达他把什么东西都看破、看透的那种心理，他说“弈棋转烛事多端”，这个世事就好比下棋，一会儿这边胜了，一会儿那边胜了。如同一会儿这边有光照过来，一会儿光源又到了那边。“饮水差知等暖寒”，这个水我尝一尝、喝一喝，我就知道这两碗水的冷热差不太多。“如膜妄心应褪净”，这佛家讲，人类为什么有时候犯糊涂呢？他不该着急的时候他着急，不该起火的事他起火，不该高兴的事他傻高兴，就是因为他那心上有一层膜，让你那个心不通气。佛家讲，你把心上那层膜扒了吧。“夜来无梦过邯郸”，坐着火车过河北省的邯郸，因为邯郸有很多故事，邯郸一梦嘛。意思就是说我们人活在现实世界不要自己给自己做梦了，不要自己给自己弄点儿五颜六色的东西来糊弄自个儿，在那儿瞎激动。大概是这么一个意思，这个意思也表达了一种朝三暮四或朝四暮三这样一种意思。

这个说法很深沉，也很透彻。但是大家要知道，万事万物你看不透是一种愚蠢，你看得太透了，你什么事都看得明明白白、清清楚楚，非常清晰，那也是一种毛病，那也是一种糊涂，是一种不近人情，往往会产生一种自诩变成自废，即放弃一切努力。

举一个简单的例子，譬如说这个青年男女初陷情网，男的是女的心目中的白马王子，女的是男的心目中的白雪公主。为了爱情，书可以不念，学可以不上，父母可以不管，兄弟姊妹可以全忘记，什么要求也不管，就要求一条：就要求跟他在一起，跟他在一起天天要饭也是高兴的。这时候如果一个看得很透的人过来说，小老弟、小大姐儿，你们现在这么样相爱，但你们知道吗？你们结婚以后生活很麻烦、很啰唆，弄不好会吵架，晚上睡觉他会打呼噜把你吵醒，到时候洗脚水你会泼到地上，饭做多剩下了，你嫌他浪费粮食，做少了你嫌不够吃。也可能三年以后你们开始吵架，四年以后开始动手，五年以后你们就打离婚了。进行这种忠告的人呢，看得比较透，可是如果青年人还没恋爱呢，或刚开始恋爱，刚刚握了一下手，刚摸了一下人家手背，你就开始给他一个预言：你要看透啊，将来要打架的啊，要骂娘的啊，经济上有可能会发生他有钱不给你的啊……这样类似的话，听起来极荒谬，这样的话好像是与生活为敌，与人民为敌，与常识为敌。比如，二次世界大战，你能说两边一个样儿吗？有时候太聪明、太智慧、太看透了，叫你无话可说。但对于未经历过的青年人，他们是很难听进去的。

接下来我们就研究一下，朝三暮四和朝四暮三果然没有区别吗？如果这批猴子的生命只有一个上午了，只有吃一次橡子餐的机会了，他们最后的早餐吃四份可就比三份多了四分之一啊。

第一，朝和暮是两个时间段，这两个时间段对选择、对安排有没有意义？世界上很多事不同的时间有不同的选择，譬如就拿这个朝暮的餐饮来说，中国有这种说法：早餐要吃饱，午餐要吃好，晚

结婚证

餐要吃少。这可是有一定的道理的，特别对于中老年人来说，你早晨吃不饱，你上午有很多活动、很多事，再讲上二十分钟课，你就两眼发黑，开始低血糖了，那当然不行。但是西欧跟北美不是这样，他们常常是早餐不吃，午餐吃得很少，晚餐拼命地吃。他们早晨起得很晚，午餐时忙忙碌碌，有的时候在街上随便买个汉堡或者热狗，就这么一边走着一边吃，就算是午餐了。香港一个大企业家，他说他一辈子中午只吃三明治，两片凉的面包夹一点东西。但是他晚餐吃得非常多、非常好。他晚上折腾，他都折腾什么自己也弄不太清，但夜晚12点睡觉那是最早的了。所以这个早餐多，还是午餐多吃，还是晚餐多吃，它是不一样的。

时间点对于判断一件事是不一样的。如果以人的一生作比喻，那就更不一样。你是愿意青少年的时候很聪明、很发达，还是到了晚年了，到了七十了，你开始开窍了，开始做学问了，学外语了？相信多数正常的人愿意选择青少年时期很聪明，发育良好，晚年差点儿就差点儿吧，但是太差了也很难受。最好是早年、晚年什么年都舒服，但又很难做到。所以时间点的意义是不能够不考虑的，朝三暮四这故事尽管讲得极其巧妙，但是它忽略了时间对人的意义，而人的生命就是用时间来表示的。

第二，我们以为，朝三暮四与朝四暮三这是一个程序问题，先三后四还是先四后三，实际上换汤不换药，背着抱着一样沉。但是我们再问一问，程序没有意义吗？程序太有意义了。利比亚发生的战争既有内战也有北约的军事干预，有很多复杂的情况。这种发生战争的情况有一个规律，就是战争中处于劣势的一方都是要求先停战后谈判，先无条件停战，别打了，再打要吃亏。停战以后我们再谈判，是谁下台谁上台、是修改宪法还是取消政府等等，这些东西都可以再谈。而处在优势的这一方，肯定不同意无条件停战，他肯定提出来在什么什么的基础上我们再停战，你只要应允，譬如说某某人下台我们就立马停战。是先谈判后停战还是先停战后谈判，意义大不相同。

我们的改革开放中也有许多说法，一种改革的尝试、一个创举、一个体制改革与管理改革的实验，是先定好了社会主义的性，先戴上意识形态的安全帽才能动弹、才能摸索；还是先干起来、做出成绩，再总结提高到理论层面，再予以庄严命名、颁发证书直到奖状奖旗；还是先干起来，如果效果好，有利于发展生产力，再从理论上加以研究，这也是大大的不同。摸着石头过河，与摸完石头、画好河流石头地形图，才允许过河，也绝非同类行事、同类路线。还有更绝的呢，要求或声言三分钟过河，不能怕淹死，不准摸石头，不准找路，不准试探深浅，只有过完了河，才允许摸石头，你能说既然都是过河，这都是一丘之貉吗？

爱情也是一样，我们说的正常的情况下是先恋爱后结婚，这是一个程序。但是中国呢，过去的小说里头，在李準先生的电影里都有所谓先结婚后恋爱一说。由于很多客观条件，当时根本没有谈恋爱的可能，但是已经由家长做主，给你定了一份婚姻。那俩人生活一段吧，又赶巧双方基本条件也都不错，人心也都不错，所以结婚以后渐渐感情萌发，变成了先结婚后恋爱。但是我们又要说，这个程序是有分别的。先恋爱后结婚这是“五四”以后的新思潮，先结婚后恋爱这实际上违背了青年人的婚姻自主、爱情自主，是不合理的婚姻制度下的人们的一种自慰乃至自嘲。什么叫“先结婚后恋爱”啊？俩人先变成一家人，然后你们慢慢爱吧。这个是没有道理的，所以这个程序问题也不能看简单了。

庄子就够聪明的了，他说无非是前三后四或者前四后三，但是在政治生活中、社会生活中、法律文件中、国际外交中，这个先后的次序是极其重要的。在“文革”当中，什么事都喜欢使用语录。当时一女孩只有六岁，有一次她的哥哥汇报，说这女孩儿和邻居的一家小女孩有些口角，大人当时听了很不高兴，干吗和人家发生口角啊。所以这女孩儿一进屋，他们一个个都板起脸来，怎么回事？为什么要和人家吵架？结果女孩儿就来了一句精彩的，说：“你们干什么？不了解情况你们就别调查！”她当时引用的是毛主席的语录：不调查就没有发言权。她想引用的是这句话，但是她说成了“不了解情况你们就别调查”。大人就笑了，我们不了解情况我们才得调查啊，是不是，我们要了解情况我们就不用调查了，我们该处理、该批评你就处理、批评你，该支持、保护你，我们就支持、保护你。她当时只有六岁，她也找不着道理反对大人们。

但是仔细分析，她说的这话并非不对，什么叫“不了解情况你们就别调查”呢？你们想一想，在“文革”的政治运动中，调查是对一个人的压力，所谓调查就是审问。女孩儿实际要说的话是你不了解情况你别那么审问我，别预设说我有错误，你用那种审问的态度对待我，我要抗议，你们既然不了解情况，就少调查。她是这个意思，也就是说这里有一个程序问题，是先客观地调查然后再得出一个一定的结论来，还是先有一个看法，先对她有一个责备，然后再调查？若是后者，你那个调查就是带倾向性的调查。西方的法学讲究无罪推定，就是一个人被控有罪的情况下，在没有得到足够的证据之前，我们先认定他无罪，然后有了证据以后我们再判定他有罪，这叫无罪推定。当然我们国家政法方面的高级负责人，说我们既不是无罪推定也不是有罪推定，我们就是要重证据，要在调查研究、弄清案情之后再作出有罪或者无罪的推定，这个是法学的问题。要审清楚本案、要重视证据，这一点我们的司法和西方的司法起码在讲解上并没有不同。但是，你先无罪推定还是先有罪推定，还是什么推定都先没有，只是客观地来了解情况，这中间也有很大不同。所以朝三暮四如果说作为一个程序问题，我们不能小看它的意义。

那么再说朝三暮四是不是都是政治花招呢？是不是在那儿变魔术呢？是不是就都是老板糊弄打工仔的一套办法呢？我们说，这庄子是很厉害的，他看得透彻，他预先就揭露了可能有的各种招数。很好！但是道理是怎么回事呢？每一个朝三暮四、朝四暮三的例子之间都会有不同，我们很难下一概的结论。

简言之，其一，朝三暮四与朝四暮三之争，着实可笑与可悲。其二，是朝三暮四与朝四暮三之间还确有奥妙，确有高手就此作出精彩文章，难以做到完全不予理会。其三，庄子的非争论、齐物论着实高明有味道，不争论或少争论，有益世道人心。其四，庄子毕竟是一介书生，他哪里懂得程序上的花样有多少夹带！

至于从主要方面来说，站得高一点，想得透一点，有利于去掉许多无谓之争、抽象之争、烦琐之争，这倒是事实，这也是阅读庄子此篇的重点。尤其在改革开放的中国，如果陷于烦琐争论，整天国无宁日、民无福日，全民讨论意识形态，那种图景实在是太可怕了！但仍然不如庄子朝三暮四故事的冷幽默。

最后，我们还可以体会一件事，非常有趣，朝三暮四这么复杂的一个说法，这里头既揭露了耍花招，也揭露了人和人之间的意气之争，它也忽略了时间点的意义、时间段的意义，还有就是这个程序的意义，它包含着这么丰富的认知的可能性。但是我们也有做得不够的地方，这个事情也有令人遗憾的地方。就是这么深刻的一个故事，它推广出来以后就变成了比喻一个人水性杨花或者政治投机，或者拿不准主意、看不清楚事情，人云亦云。这么一个深刻的思想、一个深刻的寓言和故事在传播当中浅层化了、简单化了、流俗化了。

打个比方，一个博导教授上研究生课时所讲的故事，传播完了变成小学三年级以下的浅俗故事了。说明这种广泛的传播既是好事也是坏事，太广泛了，他就必然降低了水准。这不得不令人有一种叹息：世界上有许多高明、高深的思想、故事、寓言，在传播中渐渐地往简单、表面、不那么有智慧的层次走了，这也是我们不得不面对的一个事实。

附带着一个小启发，你想评价一个什么人的什么说法，千万要查原文，千万不能听民人们的口头传播，口耳相传的结果常常是失之毫厘，差之千里，以讹传讹，最后本人出来澄清也不中用了。我个人就有这样的经验，如20世纪80年代我写过关于作家“非学者化”的文字，至今网上介绍说王某提倡作家要学者化，还有的说是王要学者作家化，更不知所云了。无论我到什么地方，主持人介绍我的时候都会动辄提出以上说法，然而，这根本不是我的主张，我到处解释已经无数次了，没辙！

看来，读书也要静下心来，慢慢琢磨，慢慢核查，从不知到知道，从浅知到深知，从人云亦云到培养自己的见解，这需要点点滴滴的努力。

第七讲

天下第一梦的启示

庄周梦蝶，典出《庄子·齐物论》，是庄子讲述的一个梦中变蝴蝶，醒来后找不到自己身份的寓言故事。这么简单的一个故事，硬是让人放不下心：人活几十年，弄不清自己的目的，弄不清自己的命运，弄不清自己的来历也弄不清自己的归宿，最后，连自己到底是个啥也不可能绝对地弄明晰，这是一种悲哀吗？这是一种糊涂吗？这是一种愚蠢吗？抑或，这正是生命的妙不可言——人生的趣味与滋味呢？

一个后现代凄美的命题

庄生化蝶，或者说庄周梦蝶，是《庄子》里最流行、最脍炙人口的一个故事。

在文学和艺术的领域，通常将“庄周梦蝶”叫作《蝴蝶梦》。这《蝴蝶梦》还很通俗，台湾关于包公的电视连续剧主题曲就叫《新鸳鸯蝴蝶梦》。但是《蝴蝶梦》最早是从庄子那儿来的，《庄子》的《齐物论》最后结束的时候，就有短短的几句话：

> 昔者庄周梦为胡蝶，栩栩然胡蝶也。自喻适志与！不知周也。俄然觉，则蘧蘧然周也。不知周之梦为胡蝶与，胡蝶之梦为周与？周与胡蝶，则必有分矣。此之谓物化。

庄子这几句话说的什么意思呢？意思就是：过去庄周梦见自己变成蝴蝶，很生动逼真的一只蝴蝶，他感到多么愉快和惬意啊！他不知道自己原本是庄周。突然间醒过来，惊惶不定之间方知原来是我庄周。不知是庄周梦中变成蝴蝶呢，还是蝴蝶梦见自己变成庄周呢？庄周与蝴蝶那必定是有区别的。这就叫作物我的交合与变化。

这个故事太迷人了，世界上怎么有这么好的故事，怎么能有这种想象力呢！我在幼年时候，读到这一段，我的感觉是“惊艳”二字，它比此后亲眼见到玛丽莲·梦露或者章子怡并得到了她们的签名还激动人心，如同电击，如同与人生智慧与人生滋味的初吻。哪怕庄子一辈子只想出来这样一个故事，他活得也太值了！亲爱的读者，咱们一辈子活五六十年也好，八九十年也好，让咱们想出一个漂亮而又动人的故事吧，每人只想一个，咱们中国就是世界上最具有美丽故事的国家啦！

庄周梦见自个儿变成了一只蝴蝶在那儿。但是最妙的是说，究竟是庄周在梦中变成了蝴蝶，还是蝴蝶做梦梦见自己变成庄周了呢？我压根儿就是一只蝴蝶，现在变成庄周了，在这儿和诸子百家研讨哲学、研讨政治，又和惠子辩论，还讲故事。这问题提得太怪了、太神奇了，而且提得有点儿悲哀。

一个人活了半天弄不清自己是谁，弄不清什么是梦什么是真实的人生。佛典中有一句偈：“南柯一梦属黄粱，一梦黄粱饭未尝。”说是有位秀才进京赶考，经过几个月，有一次住在一家旅店，请店家帮他准备一碗黄粱饭充饥。等待饭熟的时间，秀才睡着了，做了一个挺热闹挺复杂的梦。梦醒了，原来一切都是一场空。在《齐物论》的前面，庄子已经在不断地说这个问题。他说你说了很多话、做了很多事，很可能你是在那儿做梦呢。那么我说你做梦，很可能是我也在做梦，是梦中才有梦，你那儿做梦碰见我了，结果我这儿也做梦遇见你了。梦中还有梦。究竟什么是梦？什么不是梦？什么是梦的主体？什么是梦的一种表象？这没准。只有大觉才明白大梦，你梦得太深太厉害了，你得有大的觉醒，一次根本的觉醒，你才明白，原来一直是在那儿做梦呢。可是如果你没有大觉呢？就是我说的你是在做梦，我也是在做梦。这有一点消极，还有一点悲凉，因为一个人他没有把握自己的身份是什么、本质是什么，他没有把握绝对地说这个就是梦，这个就是真实。甚至在思想主题与《庄子》并无多少共同之处的《三国演义》里，刘备三顾茅庐，诸葛亮午睡一醒，吟诵的诗头两句也是："大梦谁先觉？醒来我自知。"也是这股子味道。

悲哀！悲哀之外，还有几分凄凉。因为它碰到了一个问题，一个很大的问题，是一个现代乃至于后现代的哲学家最喜欢讨论的问题，就是人的本质是什么，人的身份是什么。庄子原来写这一段的时候，他是说梦与非梦之间并没有严格的界限。所以"齐物"就是梦与非梦之间也可以齐，你也可以是在做梦，也可以是真事，真事等到一切都过去以后也不过是一场春梦。你有些梦最后变成了现实也就成了真实，这样，对于各种争执，不要过于认真。他只是这个意思。

但这样辩证的问题，很容易让人联想到至少两大难得难解的问题。一个是关于起源与归宿，世界从哪里来，到哪里去；生命从哪里来，到哪里去；你我从哪里来，到哪里去？另一个麻烦的问题是物、外物、外界、世界与我、自我、主体的我的关系。何谓我？何谓物？何谓主观世界，何谓客观世界？何谓物我之辨？何谓役于物（被外物所役使，我因外物在，则失去了自主性、失去了自由与主动）？这两

只有大觉才明白大梦……你得有大的觉醒，一次根本的觉醒，你才明白，原来一直在那儿做梦呢。

个令人“脑仁儿疼”的问题结合起来，脑仁儿就得四倍疼痛了。

许多人在成长的过程中发现自己丢失了自己。比如说有人记忆力差，只记得七八岁时的事，那么七岁与八岁以前，他老兄到底是在何处呢？七八岁时产生的自我意识，到底是从哪里来的呢？如果说它是从物质、肉体上出来的，那么普天之下，各种人的、动物的、昆虫的身体多了去了，怎么偏偏出来一个身体构成了你的自我感觉，为之疼痛，为之饥饿，为之忧愁，为之感受得到千滋百味儿呢？有人记忆力好，能记得某些两三岁的事，那么两三岁以前呢？我从哪里来，我到哪里去？我什么时候、为什么会感受到、知晓到我与物的区别？我是怎样地感知到我与物的区别的？我与物是一种什么样的关系？是君臣关系？统治与被统治的关系？限制与被限制、反限制的关系？是相融合相知相利相补相悦的关系？是清晰的、明白的还是糊里糊涂想下去只能自我折磨的混账关系？

庄子一个不小心，在两千多年前触碰了一个后现代的大问题，关乎我们身份的追问。后现代它由于全球化，产生了被化掉者找不到自己的问题。你化成人家（发达地域）的一员了，改变了你的生活方式与文化属性了，在便于化中被化掉了化没了，不就是失去了自己了吗？由于全球化，大家交流得很多，这样一来，一种强势的文明、一种强势的价值观念、一种强势的哲学观念甚至一种强势的语言很快地就征服了大家。比如英语是现在世界上强势的语言，你会英语有很多很多的方便，尤其对于有些比较小的民族，人数也比较少，它的语言缺少这些表达现代观念的词汇。所以最后就变成有这样一批人，他说的是英语，他接受的价值观念是最强势的价值观念。最后找不着自个儿了，我不像英国人，也不像美国人；我不像欧罗巴，也不像美利坚，所以他就产生了一个问题，我究竟是谁？我的自我意识应该是什么自我意识？你要简单地说，很容易。打你一下你疼吗？疼，就说明你有自我意识。谁饿了谁自个儿知道，这都是自我意识。但是人还有一个自我意识，就是他要对自己本身有所思考、有所反思，他不但要反思反观自己的身体，还要反思反观自己的灵魂：追求、信仰、怀疑、困惑、情绪、感受。还要识别自己的文化源流、文化归属。尤其还有激动人心而又混沌无解的生死问题。生之前，何为我？死之后，我为何？如果无能变成有，而有也能变成无，那么此有与彼有之间，生命与生命之间有什么相通之理相通之处？

所以，庄生在两千数百年前，就提出了一个问题，就是一个独立的人，他的身份是什么，他的实质是什么，他是从哪儿来的，他到哪儿去，他和梦的关系是什么，真实和梦的关系究竟是什么，这是一个问题。

我们有时候还可从另外的意义上来理解“蝴蝶梦”。1980年年初，实际上是1979年年底，我写过一个中篇小说就叫《蝴蝶》。那是讲文化大革命当中，一个人命运的大起大落，有时候就感觉到自己糊涂了，不知道自个儿是谁了。譬如说你本来是一个农村的放羊娃，后来被历史的大潮流卷进来，变成了革命人，甚至变成了胜利者，变成了权力的掌握者，变成了被尊敬的、被跟随的、被拥戴的一个人。然后文化大革命一开始，你又被戴上了各种政治帽子，什么“三反分子”啊、走资本主义道路的当权派啊，你变成了罪恶滔天、罄竹难书的一个人了。“文革”结束，说一声“你解放了”，你又变回成社会上的一个中坚力量。

在这种情况下，一个人也会开始有一种反思，就是我究竟是谁？

我究竟是一个坏人混入了革命队伍，还是一个好人被诬陷成了坏人？我是谁，这是现代哲学里面经常讨论的一个问题。冯宗璞女士（冯友兰的女儿）就写过一个名为《我是谁》的短篇小说。说的是忽然把一个人揪出来，劈头盖脸地批判一顿，光批判还不行，又是坐喷气式又是摁脖子，甚至还抽皮带，非说这个人是一个社会的公敌、人民的公敌不可。这时候这个人确实不知道自个儿是谁了，自己究竟怎么了，所以《蝴蝶梦》这样一个故事，它带来的意义、它带来的思考远远超出了庄子当时所说的人生无梦或者是谁梦谁觉。

这个庄周梦蝶的故事带来了很多很多的思想，这个思想里头有梦与现实之间的区别；有对人生如梦的这样一种感叹；有对自我身份的一个追问；有对人的社会命运的慨叹。

其实世界万物远远不只是彼此、物我、是非、有无、难易、长短、高下、音声、前后两组概念、两分天下。对于世界来说，毋宁说是彼中有此，彼中有彼，此中有彼，此中又有此。例如国家利益中有所谓核心利益一说，那就是此中之此。与大多数国家针锋相对的力量中有极端主义、分裂主义与恐怖主义，那可说是彼中之彼。同样的对立面中又有鸽派，温和派，相对能以谈判、以对话来沟通与和解的一派势力，可以说是彼中之此。今天的温和派势力，由于价值体系或利益关系的冲突，终于无法避免一些根本性的矛盾冲突，最终变成了强硬派，此中又有了彼。而且，世界上永远会有大量的中间力量、中性现象的存在。非此非彼者有之，亦此亦彼者有之，此而后彼者有之，彼而后此者有之。彼此彼此，此彼此彼，彼彼此此，此此彼彼，可能是绕口令，可能是糊涂账，可能是本无区别，可能是天晓得，更可能是大量的叫作无声的大多数。但是琢磨出这个“彼出于是，是亦因彼”，即由于把自己看作此，才会把对方看作彼；反之，由于有了对于彼的定位，由于假定对方是与己对立或对应的彼方，才更明确了自身的此方性质，才更要巩固自己人、骨干、铁杆、盟友的团结凝固。

这样的琢磨很令人得趣，令人如发现了新大陆。由于人们喜欢或习惯于人分彼此，物分你我，言分是非，利分得失，品分长短。人们、族群、地域、侯国就是这样越来越拉开了距离的，世界就是这样日益走向隔膜、分裂和敌对的。对于庄子老子来说，一念之差，在应该齐而平之的万物万事上，偏偏热衷于争拗与分别，人类为自身找了多少麻烦痛苦纷争与自取灭亡！

当然，《庄子》的蝴蝶与庄周之辨并不是要认真进行下去的，这一点他与全球化中的身份危机、认同危机论者完全不同，庄子恰恰反对的是执着于自己的某一个侧面。蝴蝶就是庄周，庄周就是蝴蝶，从一个角度看，你是我的对立面，从另一个角度看，你是我的另一个存在方式与必要的补充。梦就是人生，人生就是梦。生就是死的开始，死就是生的完满。准确就是偏离的开始，偏离就是准确地发挥与移动。我就是物，主观就是客观世界的观照与反映，物就是我，客观世界就是我的平台与依据。昨天就是今天，昨天的弄好，今天仍然留存着痕迹与影响。今天就是昨天，今天的一切就是昨天的一切的事出有因的发展变化……如此这般，庄子的另一个成语出现了：“彼亦一是非，此亦一是非”，这也有趣，上面说的是《庄子》原文，而后人们改了一下顺序，至今流行的成语是：“此亦一是非，彼亦一是非”。

在外国也有类似的故事，因为外国人也很喜欢研究这个，我究竟是谁，我是一个人，这个人究竟是什么意思。我是一个男人，这个男人究竟是什么意思。我是一个华人，我是中国人，这个中国人、华人究竟是什么意思。外国人也很喜欢研究这个东西，但是外国人研究这个和中国人心理结构有很大的区别。庄子这个梦中变为蝴蝶给人的印象很美、很优美，有几分迷惘、几分凄凉、几分对人生的意义把握不住的味道，所以李商隐的诗里说他是“庄生晓梦迷蝴蝶”是“只是当时已惘然”，他是一种惘然的心情。

外国人呢，写一个人睡了一觉，发现自己不再是一个人了，这样类似的故事当然有很多，但是最突出的是卡夫卡的《变形记》。卡夫卡的《变形记》中主要的角色叫格里高·萨姆莎。一觉醒来，他发现自己在床上变成了一个大跳蚤，后背成了硬壳，肚皮棕色，硬邦邦的，还分割成许多小块，就跟那种大昆虫似的。这写得非常恶心，它的身体尤其是肚子它能曲折，也能够变形。这个真是让人听着生理上就有一种麻麻痒痒的难受感觉。然后卡夫卡写他的肚皮什么样、小腿什么样、身上的颜色什么样。这个和我们前面所说的对自己身份的追问有关，但是又不完全是一致的。他这个和对自己命运的大起大落感到不理解也有关，但是他又不完全是一个对自己命运的追问。

类似的这种故事没有卡夫卡写得这么刺激，这么过分。但是在其他许多作家的笔下也都有，最有名的就是契诃夫的《套中人》。他写一个人像一个套中人一样，即使是大晴天出门，也要穿着雨衣打着伞，他吓得不得了，他从来不敢放心大胆地过一天。这里实际上带有一种非常严肃的社会批判性质，是说在二十世纪二三十年代那个欧洲密云不雨，战争的风暴即将开始的时候，人们的那种压抑感，那种不自由的感觉，那种自己对自己的生活感到厌恶，对自己的生活感到绝望的那样一种感觉。

享受迷惘

花开一春，人活一世，有许多东西你可能说不太清楚为什么与到底怎么了，人不是因为弄清了一切的奥秘与原委才生活的，人是因为询问着、体察着、感受着与且信且疑着才享受了生活的滋味的。

不知，不尽知，有所期待，有所失望，所以一切才这样迷人。要求什么都小葱拌豆腐似的一清二白，其结果一定是越发不清不楚，逼得自个儿发疯。如果你准确地把握着每一个下一分钟、下一月、下一年，就没有悬念也没有票房，没有惊喜也没有摇头，没有赞叹也没有好戏啦！

庄子的故事构思得美、构思得迷惘凄凉。然后他也不想解决这个问题，他也解决不了。因为他前面已经说了，这梦也可能就是梦，我说你做梦，我这可能还是梦，然后我说我醒了，我醒了也可能仍然是梦。梦也是醒，醒也是梦。

你我，彼此，是非，正误，这些分别都是我所不能解决的，因此我只求我自己生活得逍遥自在，我也不较劲，我也不较真，我也不想跟你把这些事都掰扯清楚，死磕，我没这意思。这是庄子走的这条道路。但是人生仍然有它的美丽之处，哪怕是在梦中，我也变成了蝴蝶，“栩栩然”，而且“适志”，就是说它很适合我的志趣，我很可心、很如愿，这是庄子选择的一条道路。

人对于自己其实是陌生的。问题不在于你的想法是否符合客观实际、时代潮流、人民利益、群众舆论。首先是，你拼死拼活地闹腾，很可能并不符合你真实的思想、感情、利益与价值观念。因此，人在认识自己之前不要轻易有所表现、有所行动、有所闹腾。有时候，一颗谦卑之心也是人生的一份大智。难道不是吗？物看着我是外物，我看着物是外物。此看着彼是彼，彼看着此才是彼，同时彼看着彼才是此。而世界看到的人自己这个“彼”，恰恰是人自身的“此”。如此这般，何苦那样地彼彼此此，势不两立？

《红楼梦》中贾宝玉与林黛玉的许多冲突，也是由于他们坚信既然相爱就应该相知，就应该心心相印，共鸣共享，不分彼此。实际上人们在这种心情下，往往是只要求对方成为自己，要求物成为我，要求对方像自己一样地看事想事处事办事，但实际上做不到。而庄子追求的是，等到人长大了，分得清而且势必要分清物我与彼此之后，再通过哲学的思辨与大道的修养，重新回到物我无异，彼此同感，齐物齐论，如婴儿兮的境地。同时，彼此的区分不仅在于位置、立场、空间坐标上，也在于生死、可不可、前后、变化等时间坐标上。

其实，不管是蝴蝶还是庄周，莫再纠结于物我、彼此的分辨就

人不是因为弄懂了一切奥秘答案才出发的，
人是因为询问着、体察着感受着与且信且疑着
才享受了人生的滋味。不知，不全知，
有所期待、有所盼望，所以一切才这样迷人

对了。大千事物，来了去了，来的时候无须欢迎，不管你欢迎不欢迎，该来的都要来；去的时候无须送行，不管你送行不送行，该走的都要走。这就是说，对待万物的消长变化，要采取顺其自然、随它去的态度，要承认这是不以人的意志而转移的。这里似乎与唯物论有相通处，也就不需要主观地跟着闹哄。这样想，你会不会变得大气一些、豁达一些、开阔一些也平静一些了呢？

咱们中国传统文化中还有个高明的说法，叫作随物成形。就是说，你先不要有一个框框，先有一个形体图做规格，你先不要主观设计一个标准，你不能将不符合你的图形的就一概拒绝，你要顺其自然，尊重客观事物的自然发展。一个物件一个事物产生出来了，它自然能渐渐形成自身的尺寸、形状、标准、图样……这个说法太妙了，它特别能说明中国摸索改革开放与有中国特色的社会主义道路的过程，如果你先成形再要物，完了，这个社会主义永远搞不成了，你只能摸着石头过河，摸着石头过河者，随物成形也。

再从另一个层面上说，在混乱中，在非理性的狂潮中，在完全无奈之中，在客观世界向你提出的问题大大超出了人的认知水准的时候，承认自己的无知，也许才是有知的表现。而越是夸夸其谈，越是对答如流，越是巧舌如簧，越是不懂装懂与投机取巧，就越要丢丑，越要永被恶名。当问答进入了形而上的层面，进入了超智力的层面，你最好的选择也是承认无知，选择无言，长叹而且无为、勿为、不为。与此同时，你可以在风度上下功夫，可以在气色上下功夫，在日常生活中下功夫，无为而无不为，无所用心而事事时时呈现出得道者的高度。

一言以蔽之，似是而非的说法甚妙。人追求的一大堆东西，从哲理的角度看，无非是蝉蜕蛇皮，有形无神，有末无本，有态无命，来自本体而又“被脱离”了本体，变成了无源之水渍、无木之枯枝、无体之空壳、无内容之空架子。放下吧，想开吧，再不要为这些虚空的蛇皮蝉蜕而劳心费力了。

第八讲

上善若水，顺水而行

游刃有余，出自《庄子·养生主》，说的是一个叫庖丁的厨子，熟练掌握分离牛骨和牛肉的技术的故事。常用来比喻技术熟练，经验丰富，解决问题毫不费力。启发我们做事情要顺应规律，掌握大道。

庄子的养生，养的是境界

“游刃有余”出自《庄子·养生主》，一讲养生，很多朋友对它都很感兴趣，大家在一个生活比较安定的情况之下无不希望能够改善自己的生存状况，能够延长自己的寿命，等等。

庄子讲养生，并不是从饮食、起居、用药、锻炼、调理等医学角度来谈的。《庄子》一书当中，前前后后、反反复复不断地强调全生，强调终其天年。就是大自然不论给了你怎样的可能，怎样的生存状态，你都要把自己的寿数从头到尾过完。庄子甚至在很多地方相当令人意外地非常尖锐地批评了一大堆为了某种理念而牺牲了自己生命的人。有些坏人，比如说桀纣，庄子批评他们就不用说了，骂他们也不用说了，这样的人自找倒霉。甚至他也批评伯夷、叔齐，伯夷、叔齐是忠于商纣的，因此“耻食周粟”。周武王伐纣取得成功以后，伯夷、叔齐就上了山，不吃周朝的俸禄，不吃周朝的粮食。

采薇而食，最后饿死在首阳山。他也批评比干、关龙逄，一个是给商纣进言，最后惨遭杀害，一个是给夏桀进谏，也惨遭杀害。庄子认为这些人没有能够保护好自己的生命，所以是不足为训的。这些都说明庄子把养生、全生、终其天年变成了他的道学，变成了他的学说的一个很重要的价值观念。可以说，全生，已经快变成庄生的核心价值了。

这里也有说得过分的地方，因为人除了自己的生命这个生理的存在以外，他确实是有一种理念、一种原则的，不能说我先活着再说，好死不如赖活着。但是，《庄子》“内篇”中最短的《养生主》一章，确实写得非常好。一上来就讲，“生也有涯，知也无涯。”这些话至少在读书人当中家喻户晓，耳熟能详。尤其是庖丁解牛的故事，更是又生动又可爱，让你不服不行。他说有这么一个厨子，且按现在的分工来说，他还不是厨子，他是屠宰人员。说这个屠宰人员他宰完了牛以后把牛肉从骨头上卸下来，让骨肉分离，该切几块切几块，到时候也好保存、好食用。他这个技术达到了一个出神入化的程度，所谓：

> 手之所触，肩之所倚，足之所履，膝之所踦，砉然嚮然，奏刀騞然，莫不中音。合于《桑林》之舞，乃中《经首》之会。

就是说他抡起这个刀来，手放哪儿，肩膀往哪儿抵着，脚踩在哪里，膝盖顶在什么位置，都有讲究。姿势摆好后，把这刀一进去，稀里哗啦，“啪啪啪啪”几下，毫不费力就把这个牛从它那骨头架子上卸下来了，这就叫游刃有余。

这位厨师兼屠宰师还说：

……良庖岁更刀，割也；族庖月更刀，折也。今臣之刀，十九年矣；所解，数千牛矣。而刀刃若新发于硎。

什么意思呢？“良庖岁更刀，割也”——一个好厨师，一年换一次刀，他用的是割肉法；“族庖月更刀，折也”——水平一般的厨师，一个月换一次刀，他用的是砍切骨头法。而在下的刀已经用了十九年啦，我宰牛达到了几千头，而刀就像新磨砺出来的。他说得这个很夸张。庄子也是忽悠大家，但是他这个忽悠不是嘴皮子功夫，他和曲艺演员不一样，曲艺演员当中也有智慧和聪明的，但是更多的是靠嘴皮子。庄子他有一个头脑、有个说法、有个理论。他说可以十九年不换刀、不磨刀。他还描写屠宰人员的动作像歌舞一样，既符合音乐的节拍，也符合舞蹈的节奏。这个太少见了，把劳动写得这么美好，这个在古书里面太少了。

庖丁解牛的故事脍炙人口，手肩足膝，触摸、倚傍、站立、压膝，都像那么回事，庄子写宰牛，是有生活依据的，是有普遍意义的，不仅是庖丁，谁来屠宰也要触倚立踦。庖丁的特点在于将劳动艺术化、音乐化、舞蹈化、浪漫化与诗化了，他宰牛的响动如同奏乐，读到这里似乎听到了清脆利落、咯咯作响的声音。

劳动而有节拍，合乎乐律舞律，让人陶醉享受。这样的描写，正是马克思和恩格斯预言了共产主义社会中劳动不再是谋生的需要，而成为乐生的首要因素的例证。或者用另一个中国化的词儿来说，庖丁的宰牛，已入化境。歌颂鲲鱼鹏鸟的庄子，突然能这样地歌唱一个未必雅致的屠宰劳动，而且描写得这样出神入化，值得赞美。

当年在苏联文学里头喜欢写这个，我就读过纳吉宾的一篇类似的小说。说是一个泥瓦匠，他砌成的壁炉（苏俄或是如过去我国东北、新疆等地使用的火墙）烧起火来能发出小提琴的音响。他就是把劳动变成艺术，把劳动变成创造。因为马克思有一个理论，就是说当社会进入了共产主义，劳动首先是乐生的要素，不是为了谋生、不是为了糊口，而是为了快乐、为了自我欣赏。庄子能把庖丁宰牛这样一个劳动说成他的每个动作都像跳舞一样，他动作的节奏就和音乐一样，虽然有几分夸张、有几分忽悠，但是他又有一种把劳动的技巧和大道相通、相衔接起来的看法。

这里，庄子有一个很重要的说法：

> ……彼节者有间，而刀刃者无厚；以无厚入有间，恢恢乎，其于游刃，必有馀地矣。是以十九年而刀刃若新发于硎。

就是说一头牛的骨头节与骨头节之间都是有空隙的，而这把刀的刀刃是没有厚度的，这个刀得薄到什么程度呢？近于零。你用一个厚度近于零的刀刃，正好切到骨节和骨节之间的空隙之中，刀在里头切下去拿上来，再切下去再拿上来，宽宽敞敞的，别说一把刀，十把刀在里头都可以运行。这样，十九年了刀刃自然是锋利如新！所以这里又出了一个词叫“游刃有余”。合在一起就是“庖丁解牛，游刃有余”。

从表面来看，牛是无间的，一头牛不会到处露着缝隙空当，无间之牛，即是全牛整牛。这时的牛具有它的全部牛性、皮毛肉骨筋腱俱全，是没有间隙可以下刀的，是庞然大物，是无懈可击的对手、对象。物质的形而下的世界是靠五官来看视触摸操刀解之的。但是富有形而上思维及道性的庖丁先生，却很快超越了对于解牛的形而下阶段、感官反射的阶段，进入了以神遇而不以目视的阶段，这是一个理想的阶段、浪漫的阶段，举重若轻，游刃有余，迎刃而解，这已经成为我们民族的一种文化心理格式。以天下之至柔，驰骋天下之至坚，以无有入无间，这是解牛的化境，这是修齐治平的化境，这是对敌斗争的化境，这也变成了养生的化境。游刃有余也变成了一个非常美好的成语，当我们说一个人他的技巧高明，智慧高明，做事熟练，善于处理各种麻烦问题，我们就说他游刃有余。说这个事很麻烦，别人去了都没法办，甭管他是外交上的事、内政上的事，是群体事件，还是自然灾祸、工伤事故，或者是人群之间的利益争执、利益分配上的问题等等，别人到那儿去，话都说不出来，面红耳赤，进退失据。但是，这个有智慧的人去了以后，有智慧、有技巧、有经验，他去了以后游刃有余。他也觉得很舒服、很好，本来事情是都可以解决的，有什么利益不可以协调呢？

游刃有余已经被我们整个的民族所接受，成为我们所向往的一种境界，我们不仅仅是用它来表达养生的境界，还用它来表达解决政务、公务、事务、生产、经营、人际关系的种种复杂情况时，那种得心应手的状态。我们中华文化非常强调这个，更提倡的是举重若轻、游刃有余、艺高人胆大。

人要善于寻找生存的空间，大道的空间，技艺的空间，成功运作而不损刀折刃，犹如游刃有余，迎刃而解，举重若轻，从容有定。

心怀达观，善待生命

庄子其实是通过庖丁解牛的故事讲人要善于寻找生存的空间、大道的空间、技艺的空间、利器的空间，成功运作而不损刀折刃，做到游刃有余，迎刃而解，举重若轻，从容有定。

1949年新中国成立以后，讲《庄子》的人、读《庄子》的人一般的就是强调什么叫游刃有余，什么叫以无厚而入有间，就是万事万物按照它的客观规律来办。那实际它给人的启发呢？庄子认为一个人进入一个高度的智慧的阶段，他应该力求避免那种硬碰硬的此消彼长的状态，而更多的情况之下是化解这些矛盾。本来这是一个矛盾，你说这个肉长在骨头上，肉和肉之间、骨节和骨节之间都有筋啊之类的，本来这是很难下刀的地方，咱们要是自己在家里面，别说一头整牛了，一只鸡都得剁半天，都能毁了刀。但是庄子告诉我们，世界上许多事它是有间的。

这个有间无间又变成了一个哲学名词，有间无间这个词后来又被研究佛学的人介绍与翻译所用，传入中国以后又变成了一个佛学专用词。无间，就是没有间断、没有空隙。

在中国，又常常“用间”，指的就是利用敌方的矛盾。在军事斗争当中，我们称谍战人员叫间谍。在中国，随着对庄子、对佛学、对兵法的研究，很多人也在研究这个“间”的问题。什么是间？什么是无间？香港就有部电影叫作《无间道》。庄子把这个东西作为养生的主体，他究竟提倡的是一种什么样的养生呢？是一种有信心的、不急躁的、不过度的、自然而然的养生。这个养生并没有什么稀奇古怪的说法，自自然然的就行。当年周谷城老师，九十好几岁了，耳聪目明，身体很好，别人请教他的养生之道，他说就三个字：不养生。他有点儿老庄的意思，我不为这事操心，我该吃吃，我该喝喝，该休息就休息。他表示出对生命存在状态的一种达观、豁达，一种自然而然的人生选择。这是非常有趣的。

那么从这里我们又认识到，庄子比较特殊，在其他的许多书里很少花这么多篇幅讨论生命问题，讨论生死问题。而《庄子》里有，庄子在《齐物论》里面也说、在《大宗师》里面也说、在《德充符》里面也说，他没完没了地宣传一种思想、表达一种思想，就是用最充分、最自然而然、最淡定、最尊重自然的心态看待生死。中外的许多书里，能够像庄子谈得这么透、这么淡的非常少。

庄子在《大宗师》里说：“死生，命也，其有夜旦之常，天也。”他说，人有生就有死，有死就有生，这是命运所决定的，或者说这是生命本身所具有的特点。它就像白天完了是黑夜，黑夜完了是白天一样，这是一个最正常的规律。“天也”，这个规律不是人制定的，而是天然的，是天所具有的。庄子在其他的地方又说，要认识到生死存亡是一体的，今天你生的开始就是死的开始，这叫方生方死，方死方生，生的开始死就开始了，死的开始又是生的开始。他还说，“以无为首”，就是万物万世的头并不存在；“以生为脊”，就是以生为脊背；“以死为尻”，尻就是尾椎骨，尾巴骨。整个生命的过程开始是无，然后有了生命，这个是中段，主要的阶段，最终以死为结束。庄子说这是一个最正常的现象。

庄子有几句话自古以来被人们所传诵，尤其是一些知识分子，非常喜欢他的这几句话。“夫大块载我以形，劳我以生，佚我以老，息我以死。”“大块”就是这个世界，就是这个大的存在，这个整体的世界的存在，就是天地。“大块载我以形”，“载”，现在我愿意把它稍微现代化一下，就是“下载”。大块把我下载下来了，给了我一个形体，我就能看得见了。要不然我还不知道潜藏在哪个角落呢。这实在是说得妙哉。天地给了我一个形体，给了我一个下载的形体，这个形体并不属于我个人，是天地给了我的。我出生以前哪有我这个人啊。“劳我以生”，或者也可以读“劳（lào）我以生”，就是“被”劳了一生。那么为了生存就要很辛苦，我得劳动，我得干很多活儿，我得忙碌，我不能生下来以后就坐享清福，这是不可以的。“佚我以老”，然后看着我慢慢地老了，就让我稍微舒服一点儿、安逸一点儿，少干点儿活儿，养老了嘛，颐养天年嘛。“息我以死”，我也下载下来了，我也已经有了形体了，我为了活着也忙碌了、劳累了，年老以后我也颐养天年了。那末了，我也该休息了。休息是怎么休息呢？就是死了。

他说得很惊人，他说“故善吾生者乃所以善吾死”。所以一个人

一头是头悬梁、锥刺骨……

一头才是庖丁解牛，游刃有余啊。

你要善待你的生命，那么你也要善待你的结束，就是说自自然然地、心平气和地、大大方方地，甚至是快快乐乐地对待你的辞世，不要牢骚满腹，不要怨天尤人，不要窝窝囊囊，也不要哭天抹泪、心灰意懒。生命本身如果没有死亡的结束，并不完整啊，死亡了以后才算走过了这一圈，完成了人生的旅程，成为真正的完整的自己。希望每一个人都善待自己的生命，不要自己糟蹋自己，不要较劲，不要老觉得别人亏着你二百吊钱，不要老是给自己找痛苦。同样，每一个人也应该用那种最自然、淡定、达观的心情面对自己年老以至于面对自己的结束，不要怨天尤人，不要诅咒天地，不要认定了自己这一生最冤屈，别人好像都是占了便宜的。

庄子的这个说法太可爱了，你做得到也好，做不到也好，没关系。做不到这个没关系，人往往一想到最后的死，还是挺恐惧的，或者心情很沉重，这也是难免的。所以，你做不到淡定也没关系，但是你要知道世界上有这种说法，起码是想得出来、说得出来、写得出来这么精彩、这么明朗、这么深厚又这么大气的说辞。早在两千数百年前就有这种说法："大块载我以形，劳我以生，佚我以老，息我以死。故善吾生者，乃所以善吾死也。"这是非常高级的说法，为这样的美言、善言、嘉言、格言，我们应该永远感谢庄周先生。庄周，我们爱你！

庄子通过文惠君之口说的也是"闻庖丁之言，得养生焉"。其实万事万物莫不如此。世上并无易事，你想做好一件事，就像庖丁想把牛肉与牛骨卸离一样，到处是硬骨软犍、筋头巴脑、皮革毛层，无处下刀，下刀则毁。但是你如果掌握大道，掌握一切自然之理、自然之分析，掌握一切关节接触之处的恢恢有间，目无完牛，只见得刀路之现成、之宽敞明亮、之不必费力不必寻找，稀里哗啦，齐活啦。

回过头来我们说，庄子反对强努着去学习与做事。他的理论很高超：既然是学得会学得好的东西，自然而然就能学好做好，也就根本没有必要大张旗鼓地去学去干。这有点儿道理。比如语言，一个人讲母语无须上专科学校，更无须恶补，也不用参加托福考试。从一个不会讲话的婴儿，到咿呀学语，到成了语言大师，多半你自己也不知道个中程序。外语就不同了，你得费劲，费劲的结果是你永远不可能像掌握母语那般掌握外语。

做事也是这样。愚公移山，你费了老鼻子劲，其实移掉了多少呢？如果不是移山，而是日常的功课、日常的生活，如果是顺其自然的劳作与生活，如果是打扫庭院、穿衣吃饭，你需要摩拳擦掌地专门去努劲吗？

以我们的经验为例。我们搞人民公社的时候，讲了多少次要坚持要顶住啊，又讲了多少次不要滑到资本主义那边去啊。请注意，搞公社要咬牙拼命，而资本主义只需轻轻一“滑”，这是什么事儿啊！学习也一样，我们组织过一次又一次的学习、讲课、反思、转弯……如果一切符合客观规律，至于如此事倍而功半吗？

正像“最高的技巧是无技巧”（巴金语）一样，最好的学习是“不学习”吗？最好的干活是“不干活”吗？最好的辩论是“不说话”吗？如果当真如此，最好的活法会不会是“不活”呢？一味这么说下去，又觉得没有那么简单。虽然老庄诸人都那么向往简单朴素、原始与明快，但世界远远没有那么舒服，真正人人逍遥、日日逍遥、年年逍遥的话，也是一种可怕的失重与漂浮吧？辛苦与负担可能是生命所难以承受的重量，然而绝对的逍遥，可就是生命所难以承受的轻飘了！

更聪明与更合理的设计恐怕不是绝对的单面化，而是一种平衡：轻与重之间，学与不学之间，做与不做之间，大言与慎行之间，辛劳与逍遥自在之间……有所平衡，有所转化与过渡。静如处子，动若脱兔，进可攻而退可守，用藏在我，舒卷随心，邦有道则智，邦无道则愚，那才是化境呢！

天下本无难事，看你会不会。万事同理。那么大一个大门，同时踢进20个球也不会被阻挡的，你这个队太差才不进球嘛。你那么大权力、那么多资源、那么多人才，你本应该政绩如鲜花着锦，烈火烹油，除非你干得太差，才搞得不作为，挨足了骂！世界上有那么多能源，人类的需要本来有限，是人类没有出息，才会出现什么能源问题……

这是理想，这是美梦，这是人类的劳作与行为的最高级状态，是熟能生巧，是会者不难难者不会，是掌握了客观规律，如入无牛之境，一般说是如入无人之境，无障碍，无麻烦，无歧路，无浪费，无劳费力。

其实我们也可以举出其他的例子，比如杂技家的走钢丝，常人吓破了胆，而越是大家越是好演员越会走得轻松愉快，对于这样的杂技家来说钢丝恰如坦途，不但可以走过去走过来，还可以在钢丝上倒立，可以假作欲坠状、失足状，作足噱头，赢足掌声。

庖丁怎么做到了这一步呢？怎么修炼成了这样的道行呢？庄子没有说。其实除了游刃有余之类的模式，我们的传统文化中也不乏另外的格局与信条：勤学苦练，夏练三伏，冬练三九；拳不离手，曲不离口；只要功夫深，铁杵磨成针；吃得苦中苦，方为人上人；劳其筋骨，饿其体肤；书山有路勤为径，学海无涯苦作舟等等。这里中国人还有一个说法，庄子只讲了“庖丁解牛，游刃有余”，没有讲他是怎么达到这样的境界的，谁敢说他一上来就能游刃有余呢？也许他是吃足了苦，练毁了一把刀两把刀无数把刀，才达到后来的境界的吧？事物都有过程，一头是勤学苦练、头悬梁锥刺股，一头才是庖丁解牛，游刃有余啊。

再说，庄子树立庖丁这样一个标杆，既高明熟练、无懈可击，又轻松快乐、养生娱生，常人难及。然而不必绝对，一生中有那么一两次你能举重若轻，你能庖丁解牛，你能迎刃而解，你能宰牛而使牛不知其死，你已经是一等一名，你已经超凡拔俗，你已经不受邪祟，你已经立于不败之地，你可以飘飘然这么一把，也算悟道得道用道，也算不枉为中土人物了！

养生云云，毕竟从此深入了中国人的头脑，一代又一代，至今养生仍然是传媒上最喜欢谈、最受观众欢迎的话题，庄子的养生之道到底被理解了多少、传授了多少、践行了多少，我不敢讲，但养生这个外文中找不到的词是在中国流传下来了，庄子的文化脉络是了不起的。

第九讲

虚室生白，吉祥止止

虚室生白，语出《庄子·人间世》，是说房间里放置的东西比较少，也就显得比较空，显得比较白白的亮亮的。同样的道理，你的心胸中各种私欲杂念、成见偏见、八卦谎言、陋习迷信越少，你的心境也就会越加光明澄彻、吉庆祥瑞。

不在精神空间里积累垃圾

在《庄子 · 内篇》中，有一个雅致的成语，叫“虚室生白”。虚室生白的意思是说你这个房间越虚，放的东西越少，空间越大，它就显得越敞亮。“生白”是指房间的墙壁物品都显得很白，一眼望去，看什么东西都白亮白亮的。房间内放的东西太多了，就会显得采光不好，视线到处受到阻挡、堵塞、拥挤，心情也会不好。

庄子的这个故事是从一些政治问题讲起的，讲得极妙。庄子假托孔子和颜回在讨论问题：颜回要到一个诸侯国家去，想要用儒家的一些道理去教育、说服国君、诸侯王，孔子就劝他不要去，说你去了你说不过他们的，你会说他们也会说，你拿他们没辙，最后他们听你的可能性很小，你非得老老实实听他们的不可，这里假托的孔子，其实是庄子，真够老到的，让人觉得他像是官场的老手，真不知道只做过漆园小吏的庄周从哪儿得出这样老到的判断。然后颜回就说了很多办法，但是孔子都说不行，到最后，孔子总结出十二个字送给颜回：瞻彼阕者，虚室生白，吉祥止止。这十二个字像诗、像祷词、像神咒、像箴言。干脆可以说这是灵语。历代注家不少人疑“止止”有误，欲改为“止也”、“止之”，我没有这方面的ABC知识，只是从朗读的角度上，我觉得“止止”超过“止也”、“止之”百倍。如果是以讹传讹，那么此讹就是天意，天才的错讹，好棒啊！

对这个“阕者”的解释，自古以来也是各式各样，我们可以解释为空间。你看看世界上那些很大的空间吧，在两千多年以前，人们没有对空气的概念，也没有对太阳系、银河系、地球的概念，所以除了地面上实实在在的东西以外，看到的都是“阕者”，也就是空的。譬如你在那儿坐着，前面有花儿、植物，那么你与它们中间都是“阕者”。瞻彼阕者，瞻，有点儿往上看或者往远了看的意思，意指遥望、远望这伟大的空旷。确实，要没有空旷还得了嘛，如果这个地球是个“死膛”，你旁边全是人，你一迈腿就碰见张三，你往后一退就撞到李四，那是多么可怕啊。同样，一个“死膛”的房间，装满了乱七八糟的垃圾是多么不吉利啊，让人看着憋得慌，难受。

“吉祥止止”，你想一想，一间空屋子有多白多亮啊，这样一个又白又亮的屋子是多么的吉祥啊。这里，庄子从正面勾画了一个图景。一个什么图景呢？由于你虚心，由于你不在自己的精神里头积累垃圾，按台湾话，垃圾念“le se”，“le se”是古音，是对的。咱们念“la ji”也是对的。庄子的意思是，你不在自己的精神里头积累垃圾，你就生活在白亮白亮的光辉之中了，用现在时兴的话说来，生活在阳光之中。一个人生活在阳光之中是何等的吉祥啊。

“瞻彼阕者，虚室生白，吉祥止止。”这十二个字颇美，像《诗经》上的四言诗，又有点儿《周易》的风格。望（思考）那巨大的空无（或自来的缺失）吧，谁的一生没有为这虚空而震动过，谁的人生没有为这缺失而痛苦过，谁的一生没有为这虚静而赞美过或者迷醉过呢？把自己交给这令人战栗、令人开阔，也令人崇拜的虚空吧。那么你的心境就会像一间虚以待人待物的房子一样明朗宽敞、光辉洁净，这样的空无才是最大的吉祥，才是吉祥的根本，才是永远的主动，吉祥的内涵，止于此矣。

你不在自己的头脑之中装垃圾，
你就生活在白亮白亮的光辉之中了……
生活在阳光之中，一个人生活在阳光之中
是何等吉祥啊！

如何扩大精神空间

在这里，庄子实际是在启发我们怎么样扩大一个人的精神空间：

第一，减少你的成见。任何事你都不要事先还没弄清楚，就先有一大套看法。你得抛弃这些成见，使你不像一个堆满了东西的垃圾堆，不像一个堆满了东西的储藏室，而是像一个亮亮堂堂的空屋子。这样的话，你看什么东西就都能看得清楚。在一个亮亮堂堂的空屋子当中，你见到一个人，可以把这个人观察得清清楚楚。你见到一本书，可以把这本书看得清清楚楚。所以第一要无成见。

第二，摒弃私欲，起码要尽量减少私欲。当有太多私欲、私利掺杂在你对世界的认识当中时，你会犯糊涂，你会变得死硬、死板、死心眼，陷入纠结，给自己的生活系上死扣，丧失弹性与回旋余地。当然，你不可能弄得清晰。你本来要见一个陌生人，但事先你得知了某些信息，说这个人很有权力或者很有财力，你跟他的见面能够给你带来很多好处，这样的话，你还没见到此人，没听他说话，你已经在精神上有一种向他倾斜，有一种要讨好他、向他伸手的感觉了。这种情况下，你还能客观地认识一个人吗？反过来也是一样，你还没见这个人，但是你已经获得了信息，说这个人又穷又懒，反正什么事他都给你办不成，你一听对他厌烦了，根本就不想见他。所以任何过多的私欲、私利，自己的斤斤计较塞在自个儿的心里，就像一间空屋子里摆了一大堆垃圾一样，蒙蔽了你的双眼。所以要无私欲。

第三，懂得包容。所谓海纳百川有容乃大，就是说你不但能够容下和你意见一致的人，而且也要能容下和你意见不一致的人、和你的习惯不一样的东西，以及不一致的说法、不一致的事情。许多东西原本就是各执一词，各有其片面性的。全世界的寓言太多，伊索寓言，克雷洛夫寓言，中国的《庄子》、《列子》、《淮南子》里都有许多寓言。但是对人的认识力最有启发的寓言，就是印度佛教里关于"瞎子摸象"的寓言。几个瞎子去摸一头象，摸着象尾巴的就认为象就像一个拂尘；摸着象鼻子的就说象就像一个绳索；摸着象腿的就说象就像一个柱子；摸着象身的就说象就像一面墙。很多争论也如同瞎子摸象一般：你说的是象鼻子，他说的是象腿，另一个人说的是象尾巴，再一个人说的是象牙，还有一个人说的象耳朵。你们说的都没错，只是各执一个片面，所以能不能够倾听和容纳不同的意见，这个太难了。因为党同伐异，这是一个非常自然的事情，意见和你相同，你非常高兴、非常欣然，认为咱俩意见不谋而合，英雄所见略同。但不同的意见呢？往往话不投机半句多。所以能够容纳、能够放得下各种不同的意见，这样的胸襟非常好。

第四，凡事要自己判断。《庄子》里面反复提到，不要随大溜，不要让别人牵着你的鼻子走。庄子在很多章节里说到这个问题：你喜欢的东西不见得你真喜欢，而是大家都说好，你就喜欢了；你讨厌、否定的东西也不见得是你真的知道它哪儿不好、哪儿错了，而是别人都说它不好、它错了，你也就认为它真的不好、真的错了。你连多听一句、多听一个字都不想，这不也是把自己给堵上了嘛。虚室也有门窗，你把门堵上，把窗户也钉死了，那还是什么虚室啊，它哪儿是白亮白亮的，它一定是黑暗的。

很多时候我们的成见、我们的看法并不是我们自己的成见、我们自己的看法，很可能是我们人云亦云的结果。人们常常会在不经意间交出自己的头脑，交出自己的智力，人们往往会道听途说、从俗随众、跟风听音，随着数量大而质量不高的群体闹哄。这也讲得极接地气，应该说庄子是很精通这个人情世故的。

尤其在当今所谓的媒体时代、网络时代，千万人乃至亿万人粗读的、浏览的、传播的、获得的是来源有限、版本大体相似、以讹传讹、添油加醋，甚至是表面针锋相对而实质的片面性大同小异的资讯。人创造了媒体，然后人被媒体所控制，然后是人云亦云的表态，口水淹没的洪流，人人喊打的哄叫，不是东风压倒西风就是西风压倒东风的风向，浅薄乖戾的气势，轻而易举的发声、复制、粘贴、推广，黄钟喑哑、瓦釜雷鸣，越是粗浅乖戾越有影响，越是恶搞臭骂超级丑恶越有点击率，越是“二”越能成事，越是深刻周到越难得到共鸣……这个时候想想庄子的清醒与深思，不能不学得聪明与清醒一点。

第五，提倡与时俱化。那时候还没有与时俱进的提法，庄子说

的是与时俱化。化，就是变化的意思，在这里还包含着一种化解与适应的问题。事物它是不断变化的，头一天、头一年或者头五年大家都公认为正确的东西，过段时间以后，就会有不同的看法。还有，头几年争得头破血流、你死我活的话题，会有不同的看法、不同的评价，这是完全正常的，所以要与时俱化，要有一种自我调节、自我发展、适应变化的能力。这样的话，你就不会使自己的精神空间充满着各种较劲，你听到一些新的说法就比较容易接受。

第六，扩大自己的心胸。你要给自己的精神树立一个大的参照系统。正像鲲鹏展翅，后背有几千里长的大鹏，它怒而飞，一飞就飞九万里。你脑子里都是几千里长的鱼、几千里长的鸟，然后是几万里几亿里的飞翔，你就会知道有时候那些斤斤计较，那些不愉快，那些跟别人的摩擦，那些和旁人的甚至是和自己的亲人、自己的家人、自己的配偶所憋的那些气实际上是非常不值得的。

颜回去卫的故事，经过山重水复疑无路之后，终于柳暗花明又一村。这又一村、另一种境界、另一种符码，其实发展到了“虚室生白，吉祥止止”的程度，已经不是人间世而是仙境、仙人世，至少是半仙半人之世了。谚云：戏不够，神仙凑。不止是戏，人生不够、人间世不够、哲学不够、理念加威权都不够用的地方，人们必须要召唤神仙，召唤道性道术道心，召唤大同与上苍，召唤幸福混合着悲凉、抽象思维混合着童话精神所构建的形而上大厦。那是凌霄之宫，那是碧落之殿，那是以大道为四梁八柱构建的精神乐园，呜呼哀哉，尚飨！

所以我们讨论一下、思索一下，你做不到没关系，庄子说的很多东西很高明，我们不见得都能做得到。即使是庄子本人，也未必能做到。他能做到天天虚室生白吗？他能做到绝对不会自己给自己找别扭吗？做不到。但是你要想一想，庄子所说的是一个精神的空间，房子可以小，可以是蜗居，你家可以是人均三十平方米，也可以是人均十五平方米，甚至可以是人均五平方米，但是你自己的精神、你的气概、你的格局应该大，这是庄子的提倡。

庄子经常会谈到脚印，尤其是“古书”，“古书”是什么呢？古书就是古人的鞋印。那个时候没有什么洋灰路，也没有什么柏油路，基本都是土路、沙路，石径路那时候有没有，现在我还考证不出来。所以人走在路上，会比较清晰地留下鞋印。庄子说鞋印并不等于鞋本身，就是说我们不可被书捆住自己的手脚。他这番话给了我们读书人一个很大的乐趣，我们要通过读书来还原那鞋，而不是光盯着那鞋印。通过还原那鞋，我们要还原古人的脚，还原古人本身。庄子更提出，人需要有宽广的道路才能行走，道路必须足够宽阔，不能只有脚印那么大的桩子让你踩着前进。庄子他太有活力了，他的机敏、他的想象、他的雄辩、他的那种及时地回答和驳论，无论在先秦诸子，还是在秦后至今的诸子中，鲜有人能与之比肩。他的说法很多来得也很快，寓言多，故事多，道理稀奇古怪。庄子还好做险论，大家都认为的事情，我偏不这么说，我就论得相当惊险。大家都认为好的，我说坏事是从这儿肇始的。大家都认为坏的，我说它未必多么坏，甚至我认为那是好的。庄子有很多这些东西。

庄子的著作有时是人类灵性的睿智与才情的发挥，有时是扎根于无可奈何之乡、强梁霸道之世的奇葩，有时又像是标明可以服用飞升的仙药奇符灵丹。服了仙丹，你是麻木不仁、积痞结石？还是抱月凌风、羽化登仙？或是鹤发童颜、尽数了然？又或者是痴迷错乱与精神分裂？这全看读者的体质与悟性，再加服用仙丹的方法了。

死解者迂，匍匐者迷，修炼者陋，炫己者丑，自我捉迷藏者荒唐，死抠字句者呆木无救，小头小脑者隔庄子岂止十万八千里。只有体贴并向庄子的汪洋恣肆、纵横驰骋、尴尬无奈、深谙世事、飘然转身、智高三筹、不拘一格、气象万千、文才倾泻的人格特色靠拢、再靠拢，才能庶几笑纳庄周，欣赏庄周，啸傲人间世，知乐知鱼，逍遥大宗师，读出点儿趣味，尝出点儿品德，增长点儿见识，提升点儿境界，虚室生白，吉祥明净起来呢。

第十讲

螳臂当车，是悲壮还是滑稽

螳臂当车，出自《庄子·人间世》，说的是一辆大车开过来了，一只螳螂就站起来，把自己那个细细的小胳膊举起来，要阻挡这个车的前行。螳臂当车的形象悲壮而又滑稽，我们现在的人只知道此故事中的不自量力的漫画含义，已经忘却了它的深刻与悲凉。

螳臂当车是一个勇敢的形象

历史上对于“螳臂当车”故事写得比较详细的是汉文帝时期的韩婴，他的《韩诗外传》曾经有过一段描写，说齐庄公打猎的时候看到“有一虫举足”——一只虫子举起前腿来要阻挡他的车轮，齐庄公就问，怎么回事啊？侍卫说一只螳螂，它感觉你从这儿走，是冒犯了它的地盘，是扰乱了它身边的格局，认为你触犯了螳螂这一族的利益，也触犯了这个田野里的交通秩序，所以它怒起来了，它准备和你搏斗。

韩婴的这个故事的结尾是这么写的：“庄公曰：此为人，而必为天下勇武矣。”这齐庄公听了以后肃然起敬，说一个小小的螳螂敢阻挡我的大车，一只螳螂居然不考虑自己力量的大小，勇敢地去阻挡，令人肃然起敬。齐庄公称这个是“天下之勇武矣”，就是说在天下它是又勇敢又威武。武的意思也是又勇敢又敢拼，而且有点儿威风凛

一个弱者的奋不顾身的反抗，
毋宁说是带几分天真的豪迈与悲凉。

凛。“回车而避之。”齐庄公赶紧下令掉头，躲避这只螳螂。这件事传出去了，“天下勇士归之”——所有的勇士都来投奔齐庄公，说齐庄公他最敬重的是那些舍生忘死、敢于出头、敢于一搏、敢于跟你拼命、不惜牺牲自己生命的这样勇敢的人，所以天下的勇士就来了。

所以，螳臂当车是一个勇敢的形象，是一个舍生取义、杀身成仁的一个形象，是一个知其不可而为之的形象。我力量不足，不是你的对手，但是我认为你错了我就冲上去。反过来想想，如果很多人都能够有螳螂这个勇气，如果不是一只螳螂，是十万只百万只螳螂都在那儿举着胳膊堵这个车；如果螳螂它又感动了野马、野猴、野狗各种的动物一起来阻挡，你齐庄公就打不成猎了，就跟电影《阿凡达》里最后是动植物都联合起来反对美国的开发商。同时客观上“螳臂当车”这四个字很滑稽，如果它不是一只螳螂，哪怕是一只猴儿，当然，猴儿也没有齐庄公那个车大，但哪怕是一只小猴或者是其他的东西，它形象就会好一点儿，更不要说是一只虎或者是一匹野马了。所以形象本身有形象本身的逻辑，形象本身有其分量。

对于读者来说，螳螂的形象与分量太弱太滑稽了。庄子也好，韩婴也好，他们是靠讲述故事的主体倾向来撑起螳螂的雄伟形象的，但螳臂当车这四个字被受众所接受，变成口耳相传的成语之后，螳螂之臂的不够分量就暴露出来了。因此螳臂当车的故事它变得滑稽化了。不管你怎么想，一只螳螂来阻挡一辆车，而且是齐庄公的马车，这一定是滑稽的，所以它就变成了一个反面的形象，喜剧的形象，丑角的形象。

螳臂当车这个故事被写得比较动人，比较婉转，是在西汉时期韩婴的著作当中。淮南子的著作中也提到过螳臂当车，但是根据现在的考察，最早提出来的不是淮南子，也不是汉朝的韩婴，而是春秋战国时期的庄子。庄子没有细说这个故事，因为这个故事在民间已经有雏形，老百姓里已经有这种说法，所以他就一提就是了。比如在内篇的《人间世》里：

> 汝不知夫螳螂乎？怒其臂以当车辙，不知其不胜任也；是其才之美者也。戒之，慎之！积伐而美者以犯之，几矣。

庄子说：你不知道螳螂吗？螳螂它一生气，用它的手臂阻挡这个车辆的前行。但是它不胜任呀，它完成不了这个任务，它没有实力啊。他很简单一说就过去了，说明螳臂当车在当时来说是一个已经被老百姓接受了的俗语，而且是一个已经作为自不量力的这样一个滑稽的故事而接受的，已经与韩婴为代表的另一种解释大相径庭了。

庄子在《天地》中将螳臂当车介绍得更详细了：

> 蒋闾葂见季彻曰："鲁君谓葂也曰：'请受教。'辞不获命。既已告矣，未知中否，请尝荐之。吾谓鲁君曰：'必服恭俭，拔出公忠之属，而无阿私，民孰敢不辑！'"季彻局局然笑曰："若夫子之言，于帝王之德，犹螳螂之怒臂以当车轶，则必不胜任矣。且若是，则其自为处危，其观台多物，将往投迹者众。"

庄子说：有一个人叫蒋闾葂，蒋闾葂见到一个贤人叫季彻，他就跟季彻说，他被鲁国的君王接见，鲁君非让他讲一讲治国平天下之道。他说本来我不想多说话的，他实在问我，我被逼得不得已了，只好说话。我跟他说："必服恭俭，拔出公忠之属而无阿私。"什么意思呢？我告诉这个鲁君，你作为一个君王，你应该对人恭恭敬敬。俭呢，不要奢侈浪费，这是物质上。还有在精神上，你自己也应该慎重，不要任意地说话，不要任意地作决策，不要动不动就出新主意。还有，你要提拔那些个真正大公无私、对人很真诚的人，提拔他们来做事。不要提拔小人，不要提拔那"阿私"，就是为了私利而阿谀奉承的这样的人，这样的人你要离他们远一点儿。

他说得很一般，也没有什么很新鲜的，但是很有道理，你本来就是应该恭恭敬敬地对待你的臣民，应该是恭。至于俭，你做什么事都应该谨慎从事，爱惜民力，不要轻易地挥霍，让老百姓替你卖命。另外，在用人方面，中国自古以来对一个君王的评判就是要看他用什么人，他用的是君子还是小人，是大公无私的人还是阿谀奉承、溜须拍马这样的人。中国人很聪明的，他一看就能看出来，老百姓是有一杆秤的，这个也很符合常识。

但是季彻呢，一听这个，"局局然笑曰"，"局局然"就是说"嘻嘻嘻嘻嘻"，有点儿看不上，有点儿觉得可笑，多少带一点儿耻笑。季彻耻笑说，"若夫子之言，于帝王之德，犹螳螂之怒臂以当车轶，则必不胜任矣。"季彻说，对于真正想做帝王的人，你刚才的那些话就像螳螂举起那个小胳膊要阻挡车辆的前进一样，但你无法胜任，你没有那个实力，你想做的事根本做不到。

老庄都有一个论点，将儒家的以德治国视为作秀、徒劳、吸引眼球、扰民、找麻烦。这里提到的帝王之德，实际上应是御民为先，权力为轴，以杀戮为对付威胁的主要手段。蒋闾菟却大讲什么恭俭公忠，纯粹是螳臂当车。这话实在不客气，也实在透露了几分残酷与丑陋的真实。

我们可以设想，到了韩婴时期，他想挖掘这个故事，使这个民间已经流传的螳臂当车的故事变得更丰满、有更深刻的意义，所以韩婴将故事主角变成齐庄公，通过齐庄公表达对勇士的尊敬、礼让，表现了齐庄公的贤德，同时也感动了天下的勇士。

螳臂当车的形象悲壮而又滑稽，我们现在的人只知道此故事中的不自量力的漫画含义，已经忘却了它的深刻与悲凉。莫非我们的智力低于庄子时代？个中的酸甜苦咸辣，够书呆子们哭一鼻子的。什么是螳臂当车呢？给封建君王讲温良恭俭让就是，怪不得毛主席早在《湖南农民运动考察报告》中就批上这些儒家的德行的说法了。

太有德了，则其自为处危，此话入木三分，针针见血。以道德家的面目出现在朝廷官场，必然暴露出你的大志，即野心，如果是功高会震主，那么德高就更是假仁假义地陷主公于不义地位，不仅是螳臂当车，而且是另有用心，自取灭亡，死有余辜！想一想古今中外的人物与事例吧。你还不明白吗？

一个读书人与“天杀”的暴君共舞，会尴尬到什么程度呢？叫作如螳臂当车。螳臂当车的有趣故事就是这么来的。这个成语在被接受与普及以后又变了味儿，变成了全部贬义的嘲笑否定的话，这个成语变得浅薄而且廉价。说一个什么人螳臂当车，当然是骂他羞辱他。例如革命阵营就常常宣布反动派反对派是螳臂当车，只能在革命的人民洪流面前化为齑粉。庄子此处的描写叙述，我们的螳螂主角似还没有那么可笑可耻，一个弱者的奋不顾身的反抗，毋宁说是带几分无奈的豪迈与悲凉，虽然庄子也不提倡螳臂当车。

从当车的螳螂来说，可以只是过高地估计了自己的力量，也可能是它只问是非，不问利害，只问这车走得是否合理，是否侵犯了螳螂族类的国土主权还有路权的完整，只问该不该去阻挡，而不管是否阻挡得住，叫作知其不可而为之，但问耕耘，不问收获。这只螳螂说不定只是为了保家卫国，不能眼瞧着蛮横的装甲车碾压祖国的土地。这样的故事带几分悲情、几分壮烈、几分大义凛然，甚至几分美丽、几分美德，如果全世界的螳螂都来抵抗强梁与侵略，如果成千上万的当车的螳螂尸横遍野，也说不定能挡一挡战车的去路，螳螂国还真是十分了得。

但是，庄子又警告世人尤其是士大夫知识精英们，不要骄矜于自己的美德美知，你的实力不行，你那条小细胳臂差堪与螳螂一路，你挡下去，只能自找倒霉！

请看，原来悲壮与滑稽之间，悲情献身与自不量力之间，使命感与夸大狂之间，激情奉献与不求甚解之间。只有半步之遥，人啊，何去何从，难矣哉！然而，这又是多么悲观。一个读了一辈子子曰诗云的腐儒，一个一肚子正义原则价值名节的书生，一个被元朝（一僧二道三官四吏五皂六隶七娼八优九儒十丐）与后人排到“老九”（“文革”中有地富反坏右叛徒特务“走资派”——八类“坏人”的说法，民间则加上第九位的知识分子，以为调侃。或谓毛泽东称知识分子为臭老九）位置的人，他们的小胳臂不但挡不住战车牛车驴车，也挡不住一条小狗一只兔子一只老鼠。一个清醒地认清了自己的胳臂只是螳臂的人，他或她的下一步该做些什么呢？

看来他只能低头不语了。低下头却仍然有话，有滔滔不绝的美文的，当为庄子。

成语反映的是民族与公众的共识，是文化传统的积淀，是久经考验与淘洗的智慧。但是成语与成语又常常互悖互谬。同样是说以小抗大以弱抗强吧，愚公移山、精卫填海、杜鹃泣血、窦娥喊冤、水滴石穿、绳锯木断、铁杵磨针、宁死不屈、用我们的血肉筑成新的长城……就相当正面感人，令贪者廉而懦者勇。而像螳臂当车、以卵击石、蚍蜉撼树、化为齑粉、人心不足蛇吞象、痴心妄想、自取灭亡等，表现出的形象则是可笑乃至可憎的丑角。这样的负面说法让你一下子冷静了不知凡几。螳臂当车，这是笑话，同样又可以被认为是悲壮。悲壮一解构就成了笑话，笑话一拔高就成了悲壮，可怎么说你们好！

弱小的善良遇到了强大的凶恶，正义受压不得翻身而邪恶猖狂不可一世，遇到这样的“人间世”可怎么好呢？你的实力无法与威权者抗衡，你到底该怎样自处？成仁取义、知其不可而为之，还是去就之和之并且仍有危险？抑或是达之而且无疵？螳螂何罪而生为虫豸，被编造出“当车”的笑话被势利眼的两条腿的人耻笑至今。破车何德，而轰鸣前进，所向无敌！恸哉！

因为螳臂当车，
我们该贬低儒家文化？

前面庄子的这个说法，就牵扯到了庄子整个书当中对孔子、对儒家的批评。大致上来说，庄子认为他的很多思想跟老子一致，都认为儒家说了很多好的话，但很多是做不到的。你做不到就徒增烦恼，只能搞乱思想，甚至于变成巧伪之言，你说得好听，是空话，是没事找事，是把简单的问题复杂化，是对老百姓的误导，老庄他有这么一种批评。

这就需要我们必须分析当时那个时代的情况，东周的一个所谓的中央政权它式微，它日渐衰弱，而各个诸侯坐大，尤其其中几个大诸侯，春秋五霸，战国七雄，这些人掌握了实力，他们每一个人想的都是开疆拓土、争地盘、争旗帜。他要会盟，他要当盟主，要统一天下，要扩大自己的权力。因此，这些诸侯君王包括这些大臣，包括他们的这些谋士，他们一心想着的是权力、地盘、财富、兵强

马壮、战求必胜，如果不战而胜就更好。

见到这种举国混乱、莫衷一是的局面，诸子百家都开出自己的药方。孔子所追求的就是制定合情合理的道德规范，建立示范性的人际关系，最美好的人际关系，这样就把各种的纷争、各种的流血消除于无形，还不等着发生就把它消除了。为什么呢？大家都按一定的道德规范来做，君君臣臣，父父子子。对君，我有对君的要求，你的行为、你的言论要符合一定的礼仪，你做事、待大臣、待民人，你应该有自己的规范，所以这叫“君君”，君就应该像个君的样子。臣应该像个臣的样子，我们说这个君呢，应该明、应该仁、应该贤。臣呢，臣应该忠，也应该贤良。父父子子也是这样，父既应该有慈爱，也应该有自己严格教诲下一代的责任，所以应该是慈父，也应该是严父，你光慈不严、光严不慈是不行的。那么子子呢，你应该孝敬你的父母，等等。

孔子的想法就是在这个失范的情况下，在社会失范、政治失训，君不像君，臣不像臣，名不副实这样一种情况之下，辛辛苦苦地要求树立一种合情合理的道德规范和行为准则。行为准则使我们做什么事都有个规矩，所以说中国人民对孔子一直有非常高的尊重，甚至于说如果没有孔子的话，到处还是漫漫长夜，没有规矩。儒家的思想以至于到了一些东亚国家，他们也觉得他定的这些规矩非常好。

庄子提出来的君王之德的意思是，孔子之类的人拉出一些漂亮主张，盼望获得、幻想获得君王的注意，但斯时的君王们，他们的那个兴奋灶压根就不在于什么道德规范上，而是在权力上，在地盘上，在旗帜上，在政治影响上，在实力上。孔子是自己建构了一套规范，确实言之成理，听起来很好，实际上脱离开了君王们与众诸侯国的实际状况。所以孔子他在世的时候到处碰壁。

那么道家老子、庄子他们开出来的药方则是与孔子相反：既然孔子的一套完全无用，就不如少定规范。不要把人际关系弄得那么复杂，不要在各种有关争权夺利的“潜规则”体系上再人为地制造添加上一套洋洋洒洒光明正大的仁义道德体系，真实而丑陋的潜体系上，摞上一大堆虚假（指对于君王而言）而美好、中听不中用的道德规范体系，这不更是搞得自欺欺人、装模作样、招式复杂、越来越让人糊涂混乱吗？所以老庄坚决拒绝讨论人们应有的道德规范，不与孔孟他们玩名词、玩好听的话语，他们认定出路是向后转，还是越简单越好，恢复到原始的天性和本性上去，拒绝权力与利益的争夺，就行了。

老子的基本理论在《道德经》里已经说了：“大道废，有仁义。”人们已经背离了大道了，你才给他讲仁义道德、讲一堆的规矩，给他树一堆的标准；“国家昏乱，有忠臣。”你没完没了地在那儿强调要有忠臣，说明你的国家已经乱了，你这国君已经控制不住局面了，否则要那么多忠臣干什么？古代中国，越是忠臣众多、忠得出奇的朝代，越是即将灭亡的时期。比干忠，结果是商纣的灭亡；岳飞忠，结果是南宋的灭亡；王承恩忠，结果是崇祯皇帝的自尽。“六亲不和，有孝慈。”你家里需要天天讲子女要孝、父母要慈，说明你六亲不和，父母没有疼爱也没有教育自己的子女，子女也不知道孝敬自己的父母，你才没完没了地教。

所以老子也好，庄子也好，他希望的是不要进行教化，越进行教化思想越混乱，有做假的、有过分的、有以教化之名控制别人的、有因了对教化的定义不一致在那儿打得头破血流的。那我们不如回到那个最简单的生活方式，庄子说，老百姓的天性，饿了就要吃，渴了就要喝，连老鼠都知道挖深洞避免人的挖掘，连小鸟都知道高飞避免你的弓箭、避免你的弹弓子。那老百姓有什么不懂的，他们当然都懂，他们没事去干坏事干吗，干坏事找惩罚吗？让大家回到小国寡民，鸡犬相闻，老死不相往来的时代不就好了。

庄子和老子的这些说法听起来也非常高明，但是在某种意义上他更不现实，你嘴里这么一说，什么都不干，大家就又都回到原始社会去了，都高高兴兴地在那儿过日子，饿了就吃，渴了就喝，这个房屋能够避雨，穿衣服能够避寒，吃东西能够果腹，大家都过《阿凡达》里的生活就行了，还可以拍3D电影片，可以写幻想故事，但实际上这是不可能的。这好比一个人长大了，一想，儿时是多么幸福，不用挣钱，不用付账，不用婚姻当然也不用打离婚，不用抚育儿女当然也不用避孕，不用考虑级别、待遇、公正与否……就算他想得十分动人，他能够因为这种认识就从三十岁四十岁五十岁回到三岁四岁五岁上去吗？

所以孔孟与老庄他们互相责备，尤其是庄子这儿，他责备这个儒家很多也很尖锐，尤其是责备你做不到，你言行脱节，你宣传的这一套规范拿到实际生活中就像螳臂当车一样。想一想，我们看《东周列国志》，我们看到有几个君王、几个大臣在那儿天天进行道德的教化、道德的训诫、道德的反省与修养啊？相反，一个个都是整天想着权力怎么扩大，不但要跟自己领土之外的君王斗争，而且本身也陷入恶斗之中——君与皇室的亲属之间，也可能是兄弟之间，也可能是父子之间，也可能是夫妻之间。还有君与臣之间，臣与臣之间，这个说这个忠，那个说那个不忠，这个给那个下药，那个给这个进谗言，到处都是这些事情。

再举一个例子，你看看《红楼梦》，甚至你看看《金瓶梅》，看看当时那个社会的情况，有多少人尤其是那些大人物是按照这个道德的规范来做。所以庄子说一个螳臂当车，这个很刺激，也很深刻。但是如果你因此就贬低儒家的文化，你就低估了孔子的影响，你也是傻子，你也是愚蠢。为什么呢？正因“礼失而求诸野”。不错，按照现在学者的说法，真正按照儒家甚至于是按照道家的方法来治国而取得一定的成效的，只有这个汉代的“文景之治”，汉文帝、汉景帝的时期差不多，施行仁政，于民休息，比较照顾老百姓的利益，天下无事。其他君王，一个信儒的也没有，只有白痴，才会相信读好了《三字经》与《弟子规》就能天下大治。

可是，我们必须看到一点，就是在人民当中，在世人当中，在读书人当中，大家真正接受的恰恰还是、主要是孔子的学说。我们还是要以道德的标准来衡量一个政权，在我国，道德监督与文化监督的意义仍然不能小视。大家接受的仍然是以德治国的理念，是“天下唯有德者居之”的理念。因此，孔子的这套儒家道德规范，虽然不可能百分之百地被实现，它却成为对权力结构的一种文化监督和道德监督，所以我们不管怎么欣赏庄子思想的不羁，意见的犀利，语言的俏皮，我们不能跟着庄子就把儒家否了，把儒家否了你就跟中国的文化传统和人民当中长期积淀下来的是非观念脱节了。你如果把儒家否定得一文不值，你就是自绝于中华文化传统与中国人民了，你就跟老百姓说不到一块去了。但是你如果认为用儒家的这一套就能够是“半部《论语》治天下”，那你也是自绝于智慧了，自绝于历史的经验，自绝于现代化与自立于世界民族之林了。所以我们从螳臂当车这样一个小小的寓言故事里头可以想象，也可以看得出我们中国文化传统当中“儒道之争”的背景和意义。

一扯到政治，一扯到修身齐家治国平天下，很难得出一个万无一失的理论与方略来。丘吉尔的名言是：我到处提倡民主，不是说我认为民主有多么好，不是的，民主制度的毛病太多太多了，问题是，如果没有民主，事情会坏得更多。这是一个“两害相权取其轻”的公式，这是一个“从两个坏人当中选一个不是最坏的人当总统”的思路。我们也完全可以说，仁义道德的说法并不完善，起码它并不精确，它的标准也会是漏洞百出，副作用也不小，但是如果中国全民都蔑视仁义道德，都认为只有傻子才讲仁义道德，那就会是黑成一团了。

同时，螳臂当车是一个成功的、富有内涵的文学故事。为什么说它成功呢？它的典型性强，它耐咀嚼，它滋味丰富，它令人思考，令人叹息，令人警醒，可谓余音绕梁，三日不绝。一个人，谁敢说自己一辈子没有做过螳臂当车的事情，没有留下过螳臂当车的记录呢？越是志向高远、渴望着改天换地、扭转乾坤的人越可能有一些类螳臂当车的事迹，你认为众人皆醉而我独醒，你企图改变世界唤醒人类，你做到了吗？你认为众人皆浊而我独清，你要做真理的化身，你要开辟新纪元新时代，你做得到吗？你动不动装腔作势，大话入云，夸张煽情，巧言令色，你真正能给祖国人民带来多少利益多少改变？包括科学、技术、产品、医药……难道我们的螳臂当车记录还少吗？我们的雄心壮志、我们的使命感、我们的悲情献身当中，包含着螳臂当车的元素，我们敢正视吗？我们敢分析总结论证吗？谁非螳臂？谁未当车？谁没有误会过自己、他人、世界和真理呢？

第十一讲

相濡以沫，不如相忘于江湖

相濡以沫，不如相忘于江湖，出自《庄子·内篇·大宗师》。原本说的是泉水干涸后，两条被搁浅的鱼互相用呼出的湿气、吐出的唾沫滋润着对方，使得对方的生命得以维持。虽然感人，但这仍然不如将他们放入大江大海，让他们自由游弋。现在，多用来形容两个曾经在患难中结为莫逆、互相倚靠、互相提携帮助的人，在境遇好了之后，各自生活，不通音讯。

相濡与相忘，绝妙又凄美

小的时候读到“相濡以沫，不如相忘于江湖”的故事，当时不懂，也不太明白。开始受感动是后来读鲁迅的《题芥子园画谱》。中国过去学国画的人，从小很喜欢按芥子园那个画谱来画，然后标题下边是副题“赠许广平”，就是赠给他的妻子许广平女士。一开始就是“十年携手共危艰”，十年了，手拉着手共同度过了这个艰难困苦、危殆危险的时刻。“以沫相濡亦可哀”，这十年当中我们就像在那干地上的两条鱼，这两条鱼到了干地上没有水，怎么办呢？那就口吐白沫，那么吐出来的这点儿白沫让你不至于忒干，还能半死不活一下。你吐出来那白沫让我也沾点儿湿气。这个话太可怜了。“聊借画图怡倦眼”，没有什么快乐的事，怎么办呢？找点儿小图画，找点儿芥子园画谱啊，使我们疲倦的眼睛能从这些画谱上得到一点儿快乐、得到一点儿舒畅。“此中甘苦两心知”，这种酸甜苦辣你知我知，咱们俩知道，因为这跟别人也没关系啊。

不知道为什么，光看《庄子》的原文看不懂，少年时代看了鲁迅给许广平的这首诗，有一种在悲凉、痛苦、孤独之中的安慰。

回过头来再看《庄子》的原文：

> 泉涸，鱼相与处于陆，相呴以湿，相濡以沫，不如相忘于江湖。与其誉尧而非桀也，不如两忘而化其道。

他这原文也是只有几句话，屈指可数的几个字，在他的《内篇·大宗师》里：水干涸了，几个鱼就在陆地上待着了，互相吐着湿气，互相用唾沫弄湿对方。这个友情是非常可贵的，尽管这个友情是人为地解释。其实这鱼吐沫子它也并没有说是要帮助别的鱼。但是，也可以这么解释，即使是两条鱼，被搁浅在陆地上后，也互相吐着白沫子多维持一会儿生命。这里面的人情世故让人非常感动，让人觉得惨到什么程度了。以上这种感觉虽然很好，很友谊、很忘我、很利他。但是，不如“哗啦”把它们倒到水里头，谁甭搭理谁，咱们谁也不认识谁。那水域是很大的，江河湖海池，几百条鱼、几千条鱼、几百万条鱼，往水里扔，谁也看不见谁，互相忘了。

这个相濡以沫是最感动人的，因为它这里带几分惨烈，惨烈在一种危难时刻、紧急时刻、生死关头，半死不活。一开始的时候不懂，只知道感动鱼相濡以沫，到后来又往下看，越琢磨，越发觉这个“相忘于江湖”让你更是有一种说不出来的滋味，江湖好啊，鱼进入江湖它起码大大减少了死亡的危险吧。它到了江湖里，阔大、辽阔、汪洋、自由。但这个时候产生了一个问题——“相忘”。互相关系没有那么深了，也不用相濡以沫了，也不用携手共度艰危了，也不用用生命维护生命了。你爱往哪儿游往哪儿游去吧，你随便游，一片汪洋。在这种自由阔大之中你产生出来了一种寂寞，产生出来了多多少少的空虚。

然而庄子告诉你，即使有点儿空虚和寂寞，我如果是一条鱼，我宁愿你们把我扔到水里头，你们也忘了我、我也忘了你们，对不起，拜拜了，我爱上哪儿上哪儿去，别管我了，我也不管你们了。因为我鱼就是要自由地游啊，我不自由地游我还当这鱼干什么呢，是不是。要往土里钻我当蚯蚓啊，叮人肉疙瘩我当蚊子啊，我当鱼干什么。当鱼我就是为了自由。所以庄子说“不如相忘于江湖”，这个滋味难拿，这个滋味深了，比相濡以沫还难拿。这又是一个庄子发明的绝妙凄美的故事。泉水干涸了，鱼儿来到陆地上，互相吹湿气，互相吐沫子，互相湿润于万一。这很动人，却不如生活在江湖海洋之中各自过着幸福自由的生活，互相遗忘更美好。

相濡与相忘之辨，更是庄子的一大发明。艰苦环境下的老友，在清明顺利的环境下反而可能少讲点儿友情交情，这并不值得伤感，却应该感到庆幸。庄子太懂得人情世态啦。他并不拘泥于道德化的幸福观。艰苦、险殆、压迫之下，也许会激活更多的友情义气，正如家贫出孝子，国乱显忠臣，在敌人的炮火压得我们抬不起头来的时候，反而凸显了战友间的情谊，而幸福的与正常的生活条件下，也许人们更多的是去注意自己。这个相忘定律又是庄子的伟大发现。他发现了道德化与幸福化有时候不完全同步，而一个权力系统，应该给人民提供日益增长的幸福，主要是指民生方面的发展与改善，

相濡带儿分情侣。鱼也入江湖，
越得减少了死亡的危险……宽大，辽阔，汪洋自由，
我们追求了富和追求快乐，
追求道德和追求幸福，能不能结合起来！

不能以“穷而好礼”、“穷而有德”的标榜来掩饰自身在发展经济、改善民生、组织社会生活方面的尴尬。直到今天，庄子的这个发现仍然有效。现时就有这样的看法，认为战争时期、饥饿时期中国人民的社会风气比小康时期好得多。小康时期，一面是生产力的巨大发展，一面是社会风气的严重堕落，这是许多人的认识模式，但这个说法并不完全务实，也不完全公正。如果他们多读一点庄子呢？

庄子这一段的逻辑不仅在于讲顺境与逆境、道德与福祉，他讲的还延伸到了生与死。庄子说，生是局促的，生的可恋与温馨在于相濡以沫，死了就可以相忘于江湖了。当生进入了永恒，作古仙逝之后，也只能两相其忘。这个说法未免惊人，然而这确实是一个重要的说法。庄子立论常带仙气，即对于人间世的超越再超越，对于此岸诸事的淡然处之，这样的仙气也算难得，虽然不可走火入魔。

相忘于江湖是否为不道德？

庄子他非常明确地告诉我们，相濡以沫不如相忘于江湖。这句话里有一个很深奥的问题，就是我们是道德主义，把道德放在第一位还是把幸福放在第一位。相忘于江湖比较幸福，当然对鱼来说，你要征求鱼的意见，说你是愿意相濡以沫还是愿意相忘于江湖？百分之百，它都选择相忘于江湖。算了，咱别相濡以沫了，相濡以沫相濡上最多两个小时，两个小时以后就也相忘了，不是相忘于江湖了，相忘于鱼干了，那还不如相忘于江湖。我们追求高尚和追求快乐、追求道德和追求幸福能不能结合起来？这是庄子的一个非常深的思想。

反过来说，相忘于江湖是不是就不道德呢？大家都到了水里头了，都到了洞庭湖、太湖了，非常大的湖，你还要张罗人家的事干什么啊，你自己不好好游，你老盯着别的鱼，怕它掉进去、沉底？

这也不合乎道理。所以相忘于江湖不等于就没有道德。

这里还有一个有趣的说法，“相忘”似乎不是一个很讨人喜欢的说法，德国的民歌歌唱的花朵名叫“毋忘我”，“苟富贵，无相忘”也是当年陈胜打工时候对穷哥们儿提出的祝愿。但相忘很可能成为个人自由的代价，首先是各顾各，AA制，才能充分地体现个体的自由。你想着我，我想着你，进入了江湖了，畅游于江湖了，你保留的还是相濡以沫的心理乃至生理习惯，你能获得个体的自我救赎与身心的真正自由吗?

当然，这个问题也不能绝对化，现时代，在某些北欧国家，甚至认为不结婚也不宜同居了，同居也同样妨碍自由，最好的办法是来了情绪就做爱，做完爱就走人。这未免太个人，太绝对地孤家寡人啦。

怀念这种相濡以沫的时刻，怀念别人对自己的哪怕是涓滴之恩，这也是一种非常美好的情操。庄子他不仅仅是一个哲学家，提出了这样一些深刻的、理论的而且带有抽象的问题，同时他给了你人生的无限的滋味。相濡以沫与相忘于江湖这样一个对比、这样一个变化，说起来令人感慨万分。谈到这方面，庄子似乎更是一个文学家，一个悲凉却又豁达的诗人。

我本人就有许多这样的体会。譬如说，在20世纪50年代末和60年代初，当时由于政治运动的原因，我也是处在一个比较艰难的时刻，处在一个大致上被封杀的这样一个时刻。那时候有一个广东籍的老作家，叫黄秋耘，比我大十几岁。他是老党员，老的地下工作者，而且是情报工作者。黄喜欢文学，喜欢罗曼·罗兰，他50年代曾经担任过《文艺学习》的副主编，后来又当过《文艺报》的编辑部主任。在那个困难的时刻，他确实给了我许多的温暖和友谊，没事我就到他那儿坐一坐，他有时候也到我这儿来，没事我们就是唉声叹气，哎呀，又是这事了又是那事了。黄秋耘非常地照顾我，想尽一切办法。当时我发表作品很难，但凡黄秋耘觉得有一点儿可能，就跟我说："你要不拿给《鸭绿江》，《鸭绿江》现在比较开放，也许能发表你的作品。要不你拿到《新港》……"他给我出各种各样的主意。

在我去新疆的时候黄秋耘还给我写了一首诗，这诗的第一句就是"涸辙江湖未相忘"，黄的年纪比我大得多，我们算是忘年之交了。他的意思是说我们两个人不管是在干涸的车辙里面还是在江湖当中，我们互相是不相忘的。很可惜第二句已经忘了，中间两句说"文章与我同甘苦，肝胆唯君最热肠"。最后两句是："且惜年华身立健，不辞西域做家乡。"原词还不是"西域"，他原词是"绝域"，把这新疆说得太可怕了，我实在不好意思说"绝域"。新疆可不是绝域，新疆棒着呢。黄还主动问我，说你经济上有什么需要没有，还借给了我一百五十元钱。我来到新疆的第二个月就还给他了。当时一百五十元的感觉比现在五十万还给力、还激动，你上哪儿找一百五十元，你这是开玩笑。那时候大学毕业才四十几块钱，所以，这件事非常地感人。真是相濡以沫。

黄秋耘在"文革"前夕就调到广东去了，最后是在广东出版局副局长这个位置上去世的。我们有的作家开玩笑，说这个黄秋耘同志属于官越做越小的那种老革命。黄调到广东以后，一直到"文革"结束，确实没有很多的机会再跟他联系。有一年，那时我已在文化部上班了，我出差到广东，第一个去看黄秋耘，黄就赠给我两句话：

“寄语高位者，临危莫爱身。”他说啊，寄语你这个做了高官的人，遇到危险你不要爱你自己。到这会儿，这味儿已经变了，已经拿我当一个高位者了，而且要求我遇到危难之时要敢于舍身。这话相当严肃，确实感觉到现在已经不是相濡以沫的时候了，但也没相忘于江湖，要忘我也不会一到广州先去看黄老。但人生的这种况味已经变了，这里没有任何人有不对的地方，黄老那么想可能完全是正确的。收到这两句话我很震动，也可能是正常的，但确实让人想到了“相濡以沫不如相忘于江湖”。但是，我们仍然要说，相濡以沫是最感动人的。一个人不应该忘记自己卑微的时刻，不应该忘记自己倒霉的时刻，不应该忘记在倒霉的时刻向你伸出援手的那些人。你虽然做不到涓滴之恩涌泉相报，但是起码你心里应该有这个数，在困难的时期有人同情过你，有人帮助过你，有人怜惜过你，他本身也很困难，但是他仍然帮助了你。

庄子难得的就是他对人生的故事用这么简单的寓言，“相呴以湿，相濡以沫，不如相忘于江湖”。让人无限地感慨。相濡乎，相忘乎？这是人生况味的几大悖论之一。相濡是一种艰难和温馨，是一种苦斗与友谊，是一种清纯和纪念，是应该永远温习的宝贵精神资源。相忘是一种豁达和天真，是一种心胸与天地，是一种提升与超越，是一种更加开阔朗健的大境界，是迈向新水准新阶段的自我解放。

坦然接受相忘，而非希望回到过去

比较起相濡来，庄子自始至终更加强调的是一个“忘”字，忘记的“忘”。庄子偏爱这个词，他认为忘是一种境界，庄子喜欢一个什么状况呢？叫“坐忘”，就是坐到这儿我就忘了，我忘了我是谁了，我也忘了我需要干什么了，没有什么需要我惦记的事。这里的忘的意思就是不需要惦记，没有什么需要牵挂的事。用英语说是forget，你没有什么需要自己不可forget的事，你有什么不能forget呀你，这多舒服啊，你不找我的事我也不找你的事，他有这么一种境界。我们平常忘性大不是好事、不是好话，但是很多时候忘也是好话呀，说孔子发愤忘食、乐以忘忧，这太好了呀，发愤忘食、乐以忘忧，他从来不为自己打算、不为自己忧愁，能把一切的忧愁彻底忘却，这是多么幸福的人。说一个人勇敢，舍生忘死，这样办事的人是多么勇敢多么舍生忘死啊。尤其你要是当兵的，你的任务是保卫祖国，打起仗来你什么都不忘，刚打仗你想起你们家那水龙头需要修了，你该忘的事必须忘。所以忘还有“相忘”，所以这个忘在庄子这儿，这是一种理想，是逍遥的前提。你不是想逍遥嘛，逍遥你就得忘。你什么都忘不了，你什么都挂牵都惦记都负有责任都介入都掺和，您上哪儿逍遥去?

老子是强调“无”的，有生于无，无为而无不为，无之以为其利，怎么样才能无呢?必须有忘的功夫。庄子讲的虚室生白，也离不开忘字上的功夫。一个人什么都在意，什么都耿耿于怀，这就好比一台电脑，富有输入、存贮、复原与放大的功能，却没有删节与压缩的功能，没有格式化的功能，它早晚要把自己弄到死机状态。

当然庄子他也有片面的地方，他光强调这忘了，殊不知这人生有许多事情又是以不忘为美好，因不忘而动人。譬如说韩信得到了这个“漂母”的援助，韩信好几天没吃上饭，面有菜色，腰都直不起来了。那洗衣妇带着点儿米饭，都给他吃了。韩信说：“涓滴之恩，当以涌泉相报。”你给了我三滴水，我怎么办呢，我给你挖一个供水系统，我至少送你一自来水公司，这水一天照着二十万吨给你老供应。这个也很动人。感恩图报，不能忘。所以在中国，尤其儒家的很多道理讲的就是不能忘，子女不能忘记父母对自己的照料，你不能够忘天恩、地恩，乃至于君恩，当然那是封建社会了，封建的君子他是以不忘为基础。

但是老庄呢，尤其是庄子这儿，他提出一个观点：可以忘。忘更舒服，忘更美好，忘更阔大，忘的越多，人的内心就越光明。与记比较起来，忘的境界更高。自己有过什么成就，什么委曲，什么牺牲奉献，受到过什么小人的暗算，被人如何如何抹过黑，发生过了，做过

与记比较起来，忘的境界更高，忘更舒服，

更美好……忘的越多的人内心就越光明。

你就不会背任何包袱，卸时候想想自己的一生。

天高地阔，海阔天空，眼前一片光明，一片虚空白。

了也就忘了。所有的好事，都不过是“我所应该做的”，所有的委曲都不过是不足为奇与难免如此的，你就不会背任何包袱。晚年时候想想自己的一生，天高地阔，海阔天空，眼前一片澄明，一片虚之白。所以这忘也有它的意思。其实洋人也喜欢讲忘，在一些英语国家或者是欧洲国家，他们遇到一点儿不太愉快事情的时候，他们会劝自己forget it——忘了，忘掉它。所以忘有些时候还是需要的。

那么，这里还有一个更大的问题，有一个更深的问题，相濡以沫它表达的是一种道德情操，表达的是一种利他主义的情操。就是我不管多么困难，我还要考虑到你的困难，我要想办法减轻你的痛苦，我要想办法使你在干枯的过程中得到一点儿润泽。这种在艰难时刻的互助精神，互相照顾的精神，确实有非常多的好例子。譬如说灾害，像2008年汶川大地震，那个时候有多少互相帮助的事情啊。部队里面也常常讲，一打起仗来，什么思想问题都没有了。津贴费发的够用不够用，不考虑了；伙食办得好不好，不考虑了；干部作风有没有问题，不考虑了。很多东西都不考虑了，很多牢骚全没有了，而且是指挥员掩护战斗员，战斗员掩护指挥员。飞机过来扫射了，一下子趴在那小同志的身上，用自己的身体来掩护他，这是经常会有的事实。可是对不起，打完仗咱们该有什么意见还得有什么意见，对津贴费有意见的还照样有意见，对领导指挥有意见的照样有意见。这样他就会形成一个什么问题呢？他会产生一种对艰难时代、对艰苦岁月的怀念。

有些朋友认为，在那种最艰难的时刻，在那个以沫相濡的时刻，人的精神面貌是最好的、最崇高的、最高尚的、最利他的，不是专门利己的。关于这个看法，还有很多值得商榷之处，我们稍后还要继续说下去。

这个“相忘于江湖”还有一个含义，就是庄子在我们诸子百家当中，他相对来说比较重视个体，这和西方的资本主义社会所说的“个人主义”概念并不完全相同。因为个人主义里面有一些价值上的观念，也还有一些社会生活的尤其是法律上的观念，譬如说要求保证个人的私有财产，要求保护个人的隐私，要求保护个人的名誉等等。西方讲个人主义很多是从这个意义上讲的。

但是庄子呢，在他的全部的书里有一个很中心的思想，就是自救，就是保留我精神上的这点儿独立性。我不招谁，我谁也不招，但是在精神上我有我自己的独立性，在精神上我至少不要使自己陷入各种各样的争斗、纠纷、阴谋、诡计、案件、事件，我绝对不蹚浑水也不受辖制，我不陷入到权力争斗、利益争斗、地位争斗、名声争斗、社会资源争斗这个里面。庄子他提倡的是这一点，他强调的是这一点，所以他注重个体，注重个性，注重灵魂的独立与自主。他尤其看不起那些小官小吏，他认为一个读书人，就像后世陶渊明所说的，为五斗米折腰，你就为这么一点儿小小的利益，你到时候卑躬屈节，太不值得了！所以我至少保持着我精神上的一种独立，保持着我精神上的一种优越性，所以可以说庄子所提的个体是一种中国的古代的封建社会的个体主义。你说他是个人主义也可以，他不想接受当时的诸侯、封建君王们的控制，哪怕你给我很多好处，我用不着这些好处，我不需要这些好处，他有这样的一种要求。

康德说过类似的话，就是强调个人的人他比较容易有创造性。庄子他是有创造性的呀，他的说法都相当奇特，与众不同，而且他告诉我们，你宁可保持你个体的这点独立精神而被别人所忽略、所遗忘、所冷淡、所轻忽，没关系，我们切不可以随着社会的大溜走，你官迷我也官迷，你下海我也下海，你趋炎附势我也趋炎附势，你谄媚讨好我也谄媚讨好，你信口雌黄我也信口雌黄，你喊打倒我也喊打倒。保持住个性，保持住自由自在，那才是比什么都强的。

所以我们不可以有一种什么观念呢？就是希望我们回到那个最艰难的时候，回到战争时期，回到天灾人祸之中，因为那个时候我们的道德水平是高的。这是一种误解。很简单，恰恰是那个时候，我们缺少这种个体的生命与灵魂的自觉、自信。

科技的进步、文化的发展，这一切是不是真的破坏了人们的幸福？这还是一个莫衷一是的问题。或许，如老子所认为：回到结绳记事、有舟车桥梁也无需使用、鸡犬相闻老死不相往来的原始阶段，至少是自然经济阶段最好？的确，今天的世界上也有人认为经济不怎么发达的不丹是幸福指数最高的地区之一。但是，不管你怎么讨论，不管你出现不出现老庄学派或者法兰克福学派，现代化的路子实际堵也堵不住，发展科技与生产的趋势只能是越走越猛，全球化的路子也只能是越走越难以阻挡。自然，现代性与全球化绝非尽善尽美，我们可以批评乃至谴责现代性与全球化所带来的许多问题，如环境的破坏，如享乐主义与消费狂，如市场、媒体、网络所带来的个人智力、独立思考的严重不足，如大众文化发达的同时高端文化巨匠与文化硕果的缺乏，但你不可能从根本上扭转世界走向现代化、全球化的大趋势。

在那些遥远、艰难、困苦的时代，在不发达的地域，可能真的没有那么多竞争和分歧，没有那么快那么强势的对于弱势群体乃至弱势生物的抹杀与挤压，也就没有那么多陷于绝望的弱者的非理性破坏与反抗。但是它有许多迷信、愚蠢、陋俗、自欺欺人、野蛮蒙昧、独裁专制，如河伯娶妇，如杀人祭天，如活人殉葬，如虐待妇女、儿童、老人，而当地的人不以为非，反以为是当然的，他们甚至可能拥有很高的幸福指数，我们能够认同这样的生活吗？

作为这个世界上最高级的动物，我们有权利创造自己的幸福，我们有权利创造一个全面小康的直到走向丰富的社会，我们有权利让每个人都有尽可能充分和完善的发展。我们可以有这种追求、有这种愿望，即使你不完全做得到，但你要有这种愿望，而不是希望永远回到以沫相濡的原始小国寡民时代。

第十二讲

既生瑜，必生亮：谁能没有对立面

秋水知鱼的谈论，自古以来，极其有名，它出自《庄子·秋水》。讲述的是庄子与惠子关于鱼儿是否快乐的一段辩论。庄子以此传达出一种对于充沛的秋水中自由地游来游去的鱼儿的体贴与向往，这也是“逍遥”的一个物象。与此同时，它也透露出一个道理：人生需要对手，若失去了对手，生活和生命以及各种交谈都会陷于无趣。

子非鱼，安知鱼之乐？

“秋水知鱼”出自《庄子·秋水》，《秋水》是《庄子》的一个名篇，虽然它是外篇，外篇的作者是不是一定是庄子并不见得非常肯定，但是读《庄子》的人没有不知道《秋水》的，《秋水》流传得非常广，尤其是在《秋水》的结尾，庄子与惠子有这么一段对话：

庄子与惠子游于濠梁之上。
庄子曰：“鯈鱼出游从容，是鱼乐也。”
惠子曰：“子非鱼，安知鱼之乐？”
庄子曰：“子非我，安知我不知鱼之乐？”
惠子曰：“我非子，固不知子矣；子固非鱼也，子之不知鱼之乐，全矣。”

庄子曰：“请循其本。子曰‘汝安知鱼乐’云者，既已知吾知之，而问我，我知之濠上也。”

“庄子与惠子游于濠梁之上”，庄子跟惠子在一个叫作“濠”的地方散步，那里是一条河。庄子就说了，那儿有一些白条子鱼，这些鱼游得很舒服、很从容，它们也不着急，慢慢地在水里头游着。能够从容地游水，这样的鱼是多么快乐啊！惠子一听，就跟他抬杠了，说：你又不是鱼，你哪儿知道鱼快乐不快乐呢？你跟它不是一类，你是一个人，那鱼快乐不快乐你哪儿知道？庄子回答问题特别机敏，马上就以子之矛攻子之盾，说：那你也不是我，你怎么知道我就不知道鱼的快乐呢？这个惠子说，不错，我不是你，我当然不知道你知道不知道鱼的快乐。那么你呢，你也不是鱼，你也肯定不知道鱼的快乐，正像我不知道你是否知道鱼的快乐一样，我可以肯定，你不可能知道鱼的快乐。惠子说“全矣”，什么叫“全矣”呢，这个话用北京话来说，就是“齐了”。就是说这事你不用再辩论了，你不知道鱼的快乐。庄子就说：“请循其本。”我们现在回到原点，谈一谈这个争论是从哪儿来的。我们怎么争论起来的呢？你问我“安知鱼之乐”——是在哪儿知道鱼的快乐的，那我告诉你吧，你这么问，就是已经承认我知道鱼的快乐了，只是你不了解我在哪儿知道的鱼的快乐。哪儿知道的呢？就在这濠上，就在这条河这儿。就在这个地方，我知道了鱼的快乐。

这个故事流传得太广了，没读过《庄子》的人也都知道这个故事，而且“知鱼”变成了一个典故。颐和园是北京市很有名的风景点，颐和园里有一个仿照苏州园林建造的园中园，叫“谐趣园”——和谐或诙谐（这里应该有亲切放松的意思）而有趣味。咱北京人都去过，谐趣园那儿有一座石头桥，非常漂亮，是一座小桥，那是为了让游人看风景建造的，其实那儿设不设桥完全没有关系。那个小桥上有一个牌坊，牌坊上写着小桥的名字，叫“知鱼桥”。你到了这座桥上就知道鱼是不是快乐了，“知鱼桥”的名字哪儿来的？就是从庄子和惠子他们俩抬杠中来的。所以这个故事它脍炙人口，你搞建筑的时候，一见到水、见到鱼、见到桥，你不由地就想起庄子和惠子的谈论来。

可这个谈论在逻辑上有相当的问题。第一个问题，它是循环论证。为什么呢？惠子的论据只有一条：你不是鱼，你不知道鱼的快乐。庄子的论据是同样的：你不是我，你不知道我是否知道鱼的快乐。这个惠子完全可以接过这茬儿去：我不是你，我不知道你是不是知道鱼的快乐。你也不是我，你不知道我是否知道你是否知道鱼的快乐。然后庄子可以再反回去：你不是我，你就不可能知道我是否知道你是否知道我是否知道鱼的快乐。每次就是你不是什么，你就不知道什么，不知道是否什么。这么讨论下去，讨论到今天也讨论不完。这是一个循环的论证，循环论证是一种狡辩的方法，是不可以这样讨论问题的，这么讨论问题就没有意思了。这跟下象棋一样，象棋下到最后，你这么一将，我就这么一来，然后你还能将、我还这么来，你继续将、我继续这么来，这干脆算和棋就完了。这是第一个关于循环论证的问题。

第二个问题，偷换概念。因为这个惠子说，是啊，我不是你，我不知道啊，你不是鱼，你也不知道啊，这不齐了嘛。“全矣”就是齐了，这个问题已经不用再讨论了。可是庄子说，“请循

是不是鱼的快乐毫无关系，这是庄
子的快乐，这是庄子的一种很优游的心态，

其本”——请回到原点。一回到原点，他偷换了一个概念，他说你问我“安知鱼之乐”，你问我是在哪儿知道这鱼之乐。在中文里，“安”可以当“哪里”讲，也可以当“如何”讲。譬如说两人相遇，一人说，哎哟，我看你这个精神很不好啊。另一人马上说，你安知我的快乐啊。意思就是你如何能知道我实际是快乐的啊。你看着我有点儿瘦你认为我不好，有钱难买老来瘦，我瘦我是精神好的表现。再比如见到一个朋友，问说：“君安往？”就是问人家，您到哪儿去呀？“安”就当“哪里”讲。所以，你“安知”。就是说“安”还可以当“何处”讲。也就是说，庄子取了一个巧，他默认为惠子的“安”当“何处”讲，那我庄子告诉你，在这濠梁之上，在这个濠水之上，在这个桥上，我就是在这里，知道了鱼的快乐。

过去写作文很讲究，夏丏尊、叶圣陶，他们合写的《文心》，是专门教给中小学生怎么写作文的。《文心》里就说，你要写一篇议论文，一定要弄清它的几个“W”。几个“W”什么意思呢？就是你要写清楚Where（地点）、When（时间）、Why（原因）、How（如何）。

惠子其实问的是，你怎么可能知道这个鱼的快乐呢？这是惠子原来的问题。但是庄子的回答是什么呢？我就是在这儿知道的。他回答的不是How，而是Where。所以庄子他玩了两个花招儿，一个是循环论证，一个是偷换概念，把这个How变成了Where。可是要这么说吧，又觉得有些对不起庄子，把庄子的这么美好的一个故事一考证，考证成一个“讹搅”、“讹死赖”的了。想来想去，这个谈话的魅力不在逻辑性，也没人研究这课题。甭管是生物学家、水产学家，是渔民，还是水产局的研究室，绝对没有人研究鱼在水里是否快乐，因为快乐这个词它本来就是人间的一个概念。因此，这不是一个鱼类心理学的讨论，不是一个逻辑学的讨论，也不是大学生辩论会，庄子是正方，惠子是反方，这一正一反，哥俩儿在那儿争着谁合乎逻辑、谁能够给分、谁的分不能算。没有人这么读《庄子》，这么读《庄子》您就别读《庄子》了，这么读《庄子》您去读什么不行啊，您参加高考、公务员考试都行，就是别读《庄子》了。

相反，我们看这个故事、读这个故事的时候，它的魅力在哪儿呢？在于它的审美的效应。秋天，秋高气爽，水比较多、比较足，在《秋水》这一章的前面，大量地写了秋水之足、之多。这个时候呢，一个庄子、一个惠子，这哥俩儿在那儿聊着天走着路，然后看到水里有若干条鱼从容游过，庄子感觉到了快乐，这是什么快乐呢？是不是鱼的快乐毫无关系，这是庄子的快乐，这是庄子的一种很优游的心态。优，当充裕讲，他的思想、他的情感是很充裕的、丰富的。游，实际上是一个放松的状态。这一切说明，两个人都很放松；季节和地点都非常之好；两个人都很机敏。

有亮才有瑜，无亮则无瑜

中国人有个讲法，说这个说话里头要有“机锋”，机呢，就是含有某种没有告诉你的聪明智慧和一种即时的反应。锋呢，就是锋芒。俩人说着话，这俩人还是朋友，但是说的话当中，我还刺你一下，我还给你在这儿挑战一下，我逗逗你，我拿你耍弄耍弄。通过这种“机锋”的谈话显示一个人的智慧、显示一个人的机敏、显示一个人的超脱。

庄子说了一些表面上看不着边际的话，但又是人人心中都有的话。他们在谈论鱼是不是快乐，如果我们是在秋天，如果我们是在湖水边上，如果我们在一座很美丽的桥上看到了许多鱼游过去，我们想起了相忘于江湖的、逍遥自在的鱼那种自由和美丽的生活，这种情况之下，俩人聊聊，这里没有正方和反方、没有胜负、没有奖金，即使庄子讲的不合乎逻辑也不给他扣分。这是怎样一种快乐啊，人生活一辈子干吗老那么紧张呢？干吗什么事都得合乎逻辑呢？连点儿不合乎逻辑的话都不能说？至于吗？我就是爱说点儿不合逻辑的话，我爱抬死杠，我跟你逗着玩儿。庄子是这么一种心情。

所以，尽管我们前边说了半天庄子的这个逻辑有欠缺，但这仍然是一篇非常美好的故事。让我们放庄周一马，共同欣赏这个千古佳话，这个秋水与知鱼的美丽而又糊涂的话题，共同欣赏濠上的秋天风光，共同欣赏名嘴斗嘴、逗嘴的快乐吧。即使是嘴皮子的智慧，也比愚蠢更美好更可贵，更何况庄子的通盘智意，硬是比惠子那一套强多了呢？是的，大智慧者也可能有借重耍嘴皮子的时候，而只会耍嘴皮子的人，是永远达不到大智慧的。同样，鹰有时飞得与鸡一样低，但是鸡永远不可能飞得与鹰一样高。

庄子还有一条，他最喜欢的就是跟惠子抬杠。惠子也有一条，他最喜欢的就是你哪壶不开我提哪壶，我老找你庄子说话的毛病。前边有很多故事都是这样啊，惠子说那大葫芦瓢，又大，也拿不起来，也没有用，也不能舀水，一舀水“嘎巴”它折了，一点儿承载能力也没有。说那些神仙故事虚幻缥缈，也是惠子跟庄子说的。甚至还有传，庄子到了一个地方，惠子以为庄子要被请去做宰相了，就派人去搜，就怕庄子影响他自己的仕途，这也是惠子干的事。好像惠子是庄子的一个对立面，是庄子的一个死对头。

在《庄子》的杂篇《徐无鬼》这一章里，说到庄子去送葬，给谁送葬没说。途中，正好经过了惠子的墓，说明惠子还死在庄子前面了。然后庄子就非常感慨，说现在没有惠子了，我还跟谁去辩论呢？

这时庄子讲了一个著名的“大匠运斤”（这里的斤是斧子的意思）的故事：

郢人垩漫其鼻端，若蝇翼，使匠石斫之，匠石运斤成风，听而斫之，尽垩而鼻不伤，郢人立不失容。

这是说，一个大匠，抡起斧头，能砍掉一个人鼻子上的尘土（或白土）污秽，而不伤他的鼻子，这一方面是说大匠的本事高强，同时也说明那个被砍的人形全神定。要我说，这个被砍掉鼻子上的灰尘的人的功力绝对不比抡斧子的人差。所以不妨发挥说，这两个人是绝配，没有会抡斧子的人，当然不行，没有稳稳当当地在那里一站、不慌不躲不怕的那个人，同样这出戏也唱不成。这个故事太惊人了，英国有类似的故事，英国的作曲家韦伯，他作的很有名的曲子叫《自由射手》。《自由射手》写的是一个射手威廉姆·泰尔，他射箭射得特别好。然后掌权的坏人听说了，就让他儿子过来，给他儿子脑袋上放一个苹果，说你把这个苹果给我射下来。这是《自由射手》的故事。英国还有一个影片，这个故事会让人联想到杂技表演。一个小女孩手拿一张纸，在那儿站着，然后一个人在不远处抡起长鞭，啪、啪、啪，把这张纸从中间劈成几瓣，但是不能打着女孩的手，当然更不能打着女孩的脸。这样的杂技至今仍然存在在各国舞台上。

其实庄子说的“大匠运斤”是什么意思呢？他的意思是，做任何事得有合作的伙伴。所以庄子非常怀念惠子，有惠子的时候，他的辩论他的奇思妙想与机智灵活才能发挥得出来。庄子这个人心非常宽，人是需要有对手的，人是需要有对立面的。你赛球也是一样啊，赛球如果说你都是绝对冠军，你打什么都是11:0，25:0，21:0，那你还赛什么劲儿啊，你还有什么意思啊，你的技术还怎么提高啊，你必须有对手。《三国演义》里周瑜就缺少这个看法，当然这是演义，不见得是实际的情况。周瑜他一直斤斤计较在什么地方呢？就是既生瑜何生亮。既然有我周瑜这么聪明、这么能干的人了，你老天爷为什么又弄出个诸葛亮来专门和我作对呢？他比我还强，还收拾我，你这不是往死里整我嘛！

庄子告诉人们的是另外一个道理，一个更开阔、更伟大的道理，既生瑜必生亮！有亮才有瑜，无亮则无瑜。你周瑜没有对手了，你已经老子天下第一了，你出什么主意这还有什么意思？这三国还有什么看头啊，也不用斗了、也不用争了，什么事都是10:1，10:0，什么都是完胜，都是绝对胜利、绝对冠军，没劲。所以秋水知鱼这个故事讲得极其精彩，而且有一种开阔心胸让你接受挑战的这样一种很正面的作用。

如果拍摄一部以《庄子》为题材的电视连续剧，《秋水》肯定是最美丽的一章，知道鱼的快活是美丽的，不知道鱼是否快活而假设它们是快活的，也是美丽的。驳倒人们包括我们无法断定鱼儿是否快活的断言，也是美丽的。知、安知、乐、不乐，这本身就充满了灵性，充满了生活气息，充满了神性，因为它们无法用计算、实验、解剖、挖掘、考证与严格的逻辑论证来证实或证伪，它们是如此生活，如此世俗，又如此空灵而且神秘。似争非争，似议非议，似谈鱼与庄，又似在谈庄与鱼。

庄周与惠施在濠上讨论鱼儿的快乐，这比蒙娜丽莎的微笑更雍容，比李白的邀月饮酒更俏皮，比英国的爵士贵族还要高贵，比“深巷明朝卖杏花”更挥洒自如，甚至我要说，比宗教膜拜还要与天合一，与神合一，与诗性合一，直达最高、最全能、最永远、最根本的混一。为什么要从濠上得知鱼儿的快活呢？为什么要有个什么途径、什么逻辑的依据去了解、去评估鱼儿是否快活呢？这压根不是一个逻辑论证的问题，不是一个可以证实或者证伪的命题，不是一个定理也不是一个法则，这只是一个感受，一个赞颂，一个欢呼，一声响亮的呼喊，一个天真的大笑，这就像青年男女互相说“我爱你”一样，这需要什么证人或者证物吗？普天之下，普地之上，哪里的秋水不明洁？哪里的野生鱼儿不快活？哪里的人士见秋水与白条鱼或别的品种的鱼而不赞美？哪里的辩论、机锋不有趣？他们互争高下而并无赢输真伪，决不奖惩评分，他们不争超女也不争快男，他们不需要煽情、夸张、作秀与廉价的眼泪。

这就是生命的快活、天地的快活、自然的快活、大道的快活，这是先验而不需要证明、不需要制图、不需要列出式子一一论证。包括惠子对庄子的“鱼乐说”提出可爱的质疑，这也是美丽的、空灵的、放松的与享受的，是为艺术而艺术，为快活而快活，为辩论而辩论，因而也是不需要论辩的，就是说这是辩了白辩，不辩白不辩的，它是不需要结论与不必分胜负的。这是不争的快活的争，是永远的与绝对的对于秋水与逍遥的鱼儿的赞美！

人是需要有对手的……庄子告诉
你的是另外一个道理……既生瑜，
生亮！

第十三讲

盗亦有道，道亦有盗

盗亦有道，出自《庄子·外篇·胠箧》。盗亦有道，说的是即使是强盗，也有他们做事情的准则、规范。庄子借用此成语，表达了文化往往是中立的。先贤圣人的理论、言论，好人可以学，坏人同样也可以学。盗与道，相互之间的区别谁能绝对厘清？道理、道德、道术、价值，常常会变成你可以用我也可以用的中性的武器，庄子的这一发现太超前，太惊人了！

文化是中立的

《庄子》里的成语各式各样、丰富多彩，最宏大的有鲲鹏展翅，最美丽的有庄周梦蝶，最老到的有朝三暮四，最不可思议的有“浑沌之死”。那么最刺激的是什么？盗亦有道。盗也是讲道理的，盗也是有一套道德与道理的。更刺激的是，从盗亦有道发展下去，“窃钩者诛，窃国者侯”，你偷一个钩子，这钩子也有各种解释，有的说是古人腰上系的那个佩带上的钩子，也有的解释是，古时床榻的帐子上面的钩子，反正就是生活当中有这么一种钩子。庄子说你偷一个钩子的话，要把你杀掉。可是你要把国家偷了去，你就成了王侯。这个庄子啊，你看他东忽悠一下、西忽悠一下，说的好像还不着边际，他还真有刺激的时候，真有激烈的时候，真有激进的时候，真有带着反气的时候。接下来我们就说说这个。

庄子在他的《外篇·胠箧》里面说：

> 世俗之所谓至知者，有不为大盗积者乎？所谓至者，有不为大盗守者乎？”

说的就是我们俗人里认为最有智慧的人、最聪明的人、最有知识的人，不是替大盗在那儿积累与保存财富吗？你积累了、保存了半天你能用多少，最后给谁积累了？谁心黑手辣、谁敢夺敢抢，谁就有财富。这话太厉害了，火气不小啊。这时候庄子可不像蝴蝶了，这时候像轰炸机。所谓圣人，这里面的圣人，他指的不是道德的完善，他指的是什么呢？就是能为王者师，能给诸侯当老师，能给诸侯当军师，能给诸侯出谋划策，能够帮助诸侯修身齐家治国平天下的人。庄子说这人守了半天给谁守的？你们给大盗守的。这句话可是太厉害了！

继而，庄子又延展到下面的话：

> 故跖之徒问于跖曰：“盗亦有道乎？”跖曰：“何适而无有道邪？夫妄意室中之藏，圣也；入先，勇也；出后，义也；知可否，知也；分均，仁也。五者不备，而能成大盗者，天下未之有也。”

他说当时有一个大盗是柳下惠的弟弟，叫盗跖。别人就问盗跖，“盗亦有道乎？”说当一个强盗他有什么道理吗？有什么章法吗？有什么美德吗？这个盗跖说，当然了，没有点儿章法、没有点儿美德、没有一套说法，你还能当强盗吗？“何适而无有道邪？”他要表达的是，你上哪儿混也得有一套道道儿啊。你没有这么一套章法，你当什么你也当不成。你当官也当不成，当教授当不成，当要饭的你也当不成。你别以为你能当要饭的，要饭的有要饭的规矩，有要饭的品德，有要饭的品质呢。当强盗也得有一套美德呢！“夫妄意室中之藏，圣也”。还没有进人家屋子呢，你就可以估计、判断他家里有多少藏品。这就叫圣明。真正当强盗当出水平来的，两眼一看，别看这家墙挺破烂，门也看着很一般，但这家有钱。再看另一家，这不行，你别看他是新房子，外面还挂着瓷砖，不行。这就叫圣明。“入先，勇也”。需要偷东西了，我先进，我先给大家蹚路，这是勇敢。不勇敢的人，该偷东西了他往后缩，你这哪行？所以“入先”是勇。“出后，义也”。得手了，各种东西都到手了，你们先走，我断后。义，讲义气，强盗一个人也办不成事啊，他得互相帮忙，他得讲义气。“知可否，知也”。哪些东西能拿，哪些东西不能拿；哪些东西卖得出去，销赃方便，哪些东西不方便，我都能判断得清清楚楚，这是智慧、这是智谋。“分均，仁也”。譬如说这一伙强盗一共八个人，分赃不均打起来了，其中一个先拨了“110”了，大家都完蛋了。因此得分得很平均，分得大家都没意见、都满意，而且你自己不能抢在前头分。先给大家，这是仁，这是仁爱。“五者不备，而能成大盗者，天下未之有也”。如果这五方面，刚才说的圣、勇、义、知、仁，五个方面缺一样还能成大盗的，天下还没有。

“圣勇义知仁”五德的说法令人听了不无困扰，原因是它与中国传统社会的主流意识形态所提倡的“仁义礼智信”五德说法太靠近，太靠色（shǎi）。同样是各指五方面的美德，仁义智（知）三个大字，二者完全一样。不同的一个是礼与信，一个是勇与圣。信与义，是

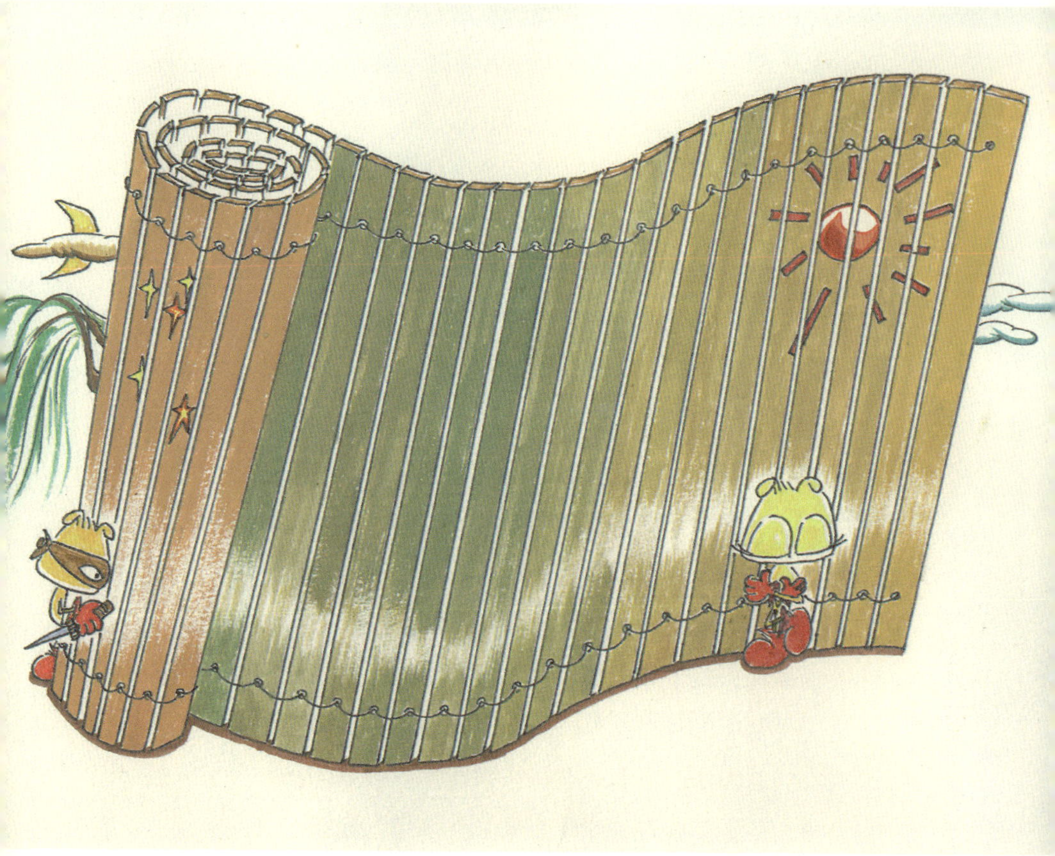

相通与相接近的。礼是指行为规范、规矩、规则，彬彬有礼，有点儿贵族气质了。圣明与勇敢，则有点儿下等人的志气与冒险性加实用性的含义。国民党在大陆执政时期，建立过“童子军”，童子军提倡的是三个字：“智仁勇”，这三个字都能在盗跖论盗之道中找到根据。

当然，庄周绝无意号召大家去当强盗。庄周本人的历史虽然有各种的说法，但从来没有人说过他多拿过别人的一件东西。那么他说这个什么意思呢？他是讽刺儒家。说儒家你讲很多道德观念，什么忠、孝、仁、爱、义这些东西，这些东西好人能用，坏人也能用；君王能用，盗贼也能用。胜者王侯败者贼。如果他胜了，那么他也照样讲“我要仁、我要勇、我圣明、我智慧”，他也会照着这样讲，而且照着这五个字践而行之，认真贯彻之。

文化这个东西，有时候它是中立的。这个话说着有点儿深，实际上也不深，简单地说，政治文化就是包括着一套治国平天下的方法：一是管理老百姓的方法，公共管理的方法；一是团结人、用人、聚拢人气的方法。所有的这些东西既可以被好人用，也可以被坏人用。坏人甚至是强盗，他要想做一件事情，他要想进一个地方，破门而入也好、跳墙而入也好、爬树进去也好，他要到一个人家的家里盗窃人家的财物，他也同样地需要团结自己的人，需要有分工，需要选择最合适的时间、最合适的地点。

所以，《庄子》这里头它又出来一个怪论，他说：“由是观之，善人不得圣人之道不立，跖不得圣人之道不行。”就是说，好人你要学圣人的这一套，坏人你也得学圣人的这一套，你不学圣人的这一套你团结不住人啊，没人听你的啊，你指挥不动，你的行动达不到预期的效果啊。所以这一套东西、这一套文化实际是中立的。为什么说是中立的呢？因为它是实用的。实用，并且通用，可以为各色人等所用。庄子说了一句骇人听闻的话，揭开了一个大伤疤：道德规范、各种好听的词儿，并不能保证社会往美善方面发展，好话能被坏人所用，盗跖同样可以穿孔夫子的外衣，讲孔夫子的词语。

盗亦有道从庄子这里开始，成了国人的口头禅。庄子太超前了，他早就告诉我们，千万不要以为圣人或权力或正宗或主流能够垄断道、道德、仁义礼智信、真善美……这些堂皇概念，强盗也照样会有或已经具有强盗的道、道德、仁义、智勇……这既振聋发聩，又触目惊心，既奇谈怪论，又更上一层楼。这里还真有点儿造反有理的意味。

既然盗亦有道，当然盗亦有理。例如，按照朝廷及当时多数百姓的观点，梁山好汉是强盗，然而这些强盗，不是也特别讲义气讲规则，直到有的人还讲忠君、讲造反实是不得已吗？他们的排名顺序也是规规矩矩的，讲尊卑长幼，符合至少是部分地符合儒学。再说恐怖主义，从国际政治直到国内政治的维度，我们是坚定地反对恐怖主义的。但是，难道恐怖主义者就没有自己的一套精神资源、精神能力与价值悲情吗？当然有。所以仅仅靠军事力量是无法达到反恐的目的的。只有从政治上、经济上、文化上全面地思考国际社会所面临的问题与挑战，并做出全面的、适度的与聪敏的应对，并且准备付出一个相当长的历史时期，付出巨大的努力和代价，才能从根本上解决恐怖主义的问题。美国在军事上经济上都是如此强大，却在两场反恐战争之中身陷泥淖，进退维谷，他们就是太不懂得盗亦有道的道理了。

庄子这里得出一条结论："圣人生而大盗起"，"圣人不死，大盗不止"。他这里说的"圣人"就是那些能给君王当军师的，帮着君王出主意统治老百姓的人。这样的人自己也不会想到，你的目的、你的心是帮助你所在的这个侯国实现国泰民安。其结果呢，你这一套被一个又一个坏人至少是有缺点有弱点的凡夫俗子学了去，最后不但没做到国泰民安，反倒搞了个花样翻新、诡计多端、云山雾罩、天花乱坠、繁复啰唆、话越说越多，词越来越漂亮，忽悠越来越妙，学问越积累越像喜马拉雅山，高尚越来越像圣贤，气魄越来越像救世主。实际上呢，老百姓的生活越来越差，担忧与恐惧越来越多，幸福感越来越无影无踪，而野心家们争权夺利、血流成河，且又沽名钓誉、装腔作势，好话说尽，坏事做绝，令天下大乱。当然这里有庄子的夸张，但是庄子他告诉我们，有这种可能，有这种现象，有这种危险，你从好心肠出发，你制定的一套规范和方法脱离实际，脱离生活，脱离群众，脱离常识，脱离人性的自然而然，最后被坏人所利用。

盗亦有道的另一面肯定是道亦有盗，任何自以为或被以为得道者，都仍然有自己的欲望、私利与人性弱点，因此他掌握理解的大道，都有被窃取、被利用、被歪曲、被自觉不自觉地曲解，使之成为自己某些行为的借口，成为自欺欺人的遮羞布的可能。而道被窃取、利用、歪曲以后呢，道本身变成了强盗逻辑，圣人有可能自行变成盗跖。

不用说别的，读读《东周列国志》，哪个昏君、奸臣、强盗、伪君子、刁民、蠢材、废物……不是一套套的忠孝节义，大模大样？再看看《三国演义》，魏蜀吴的君王与大臣们，哪个不是振振有词，自诩天意在我，个个充满了使命感？动员诸葛亮出山，叫作“先生不出，如苍生何？”简直是为民请命呢。而这些人、这些被视作英雄的冒险家们的英雄业绩，又给百姓带来了什么好处？再看看《红楼梦》里的腐烂的众寄生虫们，他们搞起祭天、祭祖、谢恩……礼仪来，又是何等庄严忠顺，诸种仁义道德的说教，无非是他们巧取豪夺、无恶不作的遮羞布！

而另一种情况下，胜者王侯败者贼，胜利了的有道之盗跖，也并非不可能变成圣人。王侯将相，宁有种乎？圣贤师表，宁有种乎？在一定的条件下，盗道道盗、王侯逆贼，互相否定也互相学习，互相参照也互相转化。不是吗？你以为诸侯也罢，大臣也罢，百姓也罢，圣贤能人也罢，他们就有权力、有能力、有威信确定盗与道的差别，划分盗与道的鸿沟吗？还有一条，盗不但可能有道，盗亦有才，盗亦有知，盗亦有灵，盗亦“心如涌泉，意如飘风”（这八字是《庄子》对盗跖的赞美词，我以为此八字最宜用在庄周本人身上），盗亦心如明镜，眼里不搀沙子！最后，盗亦有名留名，有人认为他们是遗臭万年，未必没有人认为他们其实是流芳百世！

> 且跖之为人也，心如涌泉，意如飘风，强足以距敌，辩足以饰非。顺其心则喜，逆其心则怒，易辱人以言。先生必无往。

《庄子》杂篇中，就描写了这样一个无法无天，甚至吃活人心肝的大盗——盗跖，而他的哥哥恰恰是“坐怀不乱”的圣贤柳下惠。他才思敏捷，心如涌泉，灵感时时如井喷状态，他的主意多变，意如飘风，神来之笔，常人难测。他的硬实力可以顶住敌人的进攻，他的软实力足可以为自己的过错辩护，他是顺我者昌，逆我者亡，好勇斗狠而又诡计多端，且极喜欢极方便于用言语污辱糟蹋别人。这种超级强人的形象敢情古已有之，咱们中国是真叫伟大！

尤其妙的是，庄子假盗跖之口，把孔子，不仅是孔子，连黄帝、尧、舜、禹、汤都批了个不亦乐乎，黄帝大战蚩尤，这就开启了用战争用暴力解决权力归属的先河，尧舜等则经营名誉，从此天下多事。一直到文王武王，更是把天下搞得熙熙攘攘，争争斗斗。问题在于，这些观点与其说是强盗跖的政治观点，不如说是庄周本人的政治观点。文本中先是把盗跖臭了个够，如何野蛮残酷强横，如何万民苦之，但政治观世界观却与作者高度一致，其中含义，太让人琢磨不透，也太让人击节赞赏了。

盗跖骂孔子说：

> 今子修文、武之道，掌天下之辩，以教后世。缝衣浅带，矫言伪行，以迷惑天下之主，而欲求富贵焉，盗莫大于子。天下何故不谓子为盗丘，而乃谓我为盗跖？

应该说，庄子也罢，盗跖也罢，他们还是有预见性的，解放以来，依据马克思主义千头万绪，归根结底是造反有理的判断，现在的主流说法，已经认定盗跖是农民起义的伟大人物了！

庄子有一个说法，他这说法说得有点儿过，就是世界上坏人比好人多，因此你学问越大，对坏人的贡献越大。譬如说你是博导，你学问非常大，你培养出了二十个博士。按庄子的说法，这二十个博士里真正有学问的、真正的好人，可能只有三个，另外十七个可能是糊弄人的或者干脆是坏人败类或者是完全没有希望的混混，因此你这个博导存在的结果是帮助了坏人，发展了坏人的力量与气势，自然是只对学问事业起消极作用。当然他的这个说法我们今天是不能够接受的，因为按他这个说法，那就是我们文化越低、知识越低、越蠢笨越好。这实际上会走向一个愚民的结果，开启民智干什么？读那么多书干什么？学那么多知识干什么？培养那么多博士干什么？还不如干脆大家傻呵呵都是文盲，这样一来，他做坏事也做得很有限，都是小坏事，做不了大坏事。他说，“掊击圣人，纵舍盗贼，而天下始治矣！”说是把圣人批倒批臭，把盗贼尽数释放，天下才能大治。

《庄子》更有名的大言、狂言是“圣人不死，大盗不止”，这八个字真够让平头百姓出一身大汗的，好厉害的庄周！从这样的话里，我们可以看出庄子的郁闷与反体制心态。但这样说，痛快则痛快矣，能认真实行吗？大概没有人会当真。这种极端的说法，未免也就有点儿忽悠了，他这就超出了常理了。

与大道融合，与万物并存

庄子有时候他给你逆向思维，大家都这么说，我偏不这么说，我从相反的方面给你一个角度，让你觉得用反面的那个角度也许是有它的道理。他说，“诸侯之门而仁义存焉”。这个话可就厉害了，什么意思呢？你当了诸侯了，你就变成仁义的代表了，你不但掌握了这个土地、百姓、权力、武装、国家机器与自然、社会资源，而且连道德辨析也是你说了算。所以庄子说，世界上很多东西都是能够盗窃的。如果说你有一杆秤，一杆最好的秤，那么这个秤也是可以盗窃的。如果你有一把尺，这把尺是最准确的尺，但是这把尺也有一个所有权的问题，尺归谁，就为谁服务。这些说法有偏激的地方，但是对于那个封建社会，也是一种有力的批判。尤其那个“窃钩者诛”，你偷一个钩子，你要被杀头。“窃国者侯”，你要把整个国家偷到自己的手里，这个时候你就是侯王，你就不但不会被杀头，

而且“诸侯之门而仁义存焉”，到时候你就代表这个仁义了，你代表的就是仁、你代表的就是义。庄子此话，沉痛、深刻、令人惊悚。

我们的习惯是认定仁义决定权力的归属：天下唯有德者居之。为什么会有改朝换代？末代皇帝昏庸残暴，自取灭亡，开国明君，仁义道德，万民称颂，天下归心。但是庄子冷不防来了一句，非也，不是道德决定权力归属，而是权力归属决定道德美名的归属。谁有权，谁就一定能把自己打扮成道德的化身，生时有权，荣华富贵，八面威风，死后也是流芳百世。谁丢了权，谁就只能是活得潦倒狼狈，窝囊憋屈，死得凄凉萧条，弄不好还会遗臭万年。如西方的说法：历史是由胜利者书写的。庄子的这些说法有很让人痛心的地方，有让人觉得过分的地方，有让人觉得不可以实行的地方，特别是他提的把圣人骂一顿、攻击一顿，然后把盗贼全放出来，哪个政权，什么时候的政权也不敢这么干。但他的这番话确实又有振聋发聩的地方，有特别解气之处，他居然在两千五百年前打出了反权力、揭权力之黑的旗帜。真不简单啊。

那么庄子的这些怪论仍然很有意义，庄子是一个没有多少反抗精神与反抗记录的人，他处处都不提倡反抗。但是他的某些言语却是爆炸性颠覆性的。“窃钩者诛，窃国者侯”曾经被革命党人，包括共产党常说的一些革命造反的知识分子，常常用来说明旧社会的黑暗，说明那是一个什么样的社会呢？是一个“窃钩者诛，窃国者侯”的社会。

第一，它反映了庄子看透了旧社会的黑暗，他看透了那些仁义道德的一些说法并不足以控制、不足以遏制封建君侯所干的那些不义之事、那些坏事；他也看透了在春秋战国时期的互相争斗、互相攻打之中高举起来的那些辉煌的旗帜，庄子非常勇敢地指出了这样一点。他的这种揭露带有振聋发聩的意义，带有一种刺激性。

第二，庄子也看透了那个时期诸子百家的那些“修齐治平”之道。人人都挺能说，你要听他那一说，这国家好得都不得了。孔子讲得也非常好，孟子讲得也非常好，墨子讲得更好，那个时代墨子的影响超过了孔孟。还有许许多多的很有道理的人。但是所有的这些道理，本身并不能够保证人民过上幸福的生活，也不能够保证各个地区、各个地域国泰民安。恰恰你说你有理，我说我有理，“此亦一是非，彼亦一是非。”它变成了争夺和混战的根源。

第三，庄子的这一套相当过分的说法，表达了他对当时的政治和军事斗争形势的绝望，没有希望。你讲仁义道德，越讲仁义道德我越不信。你讲什么大道理啊，你这些大道理你自己就做不到，庄子表达了这样一种心情。所以，首先，他无幻想。他不幻想出来一个圣人或者一个诸侯就能够拯救百姓于水火，他无幻想。其次，他无自负。他自个儿也不吹自个儿，任何一种理论你们别吹自己，他实际上有一个潜台词：别吹。你做不到的，你的那一套办法对老百姓起的作用很有限。这一点他和诸家不一样。孟子喜欢讲的是“天将降大任于斯人也”，而这个庄子什么意思呢？这大任趁早别来，我也做不到，你也做不到，你再好的话都可以被坏人利用。所以庄子的眼睛很毒，他一直看着你，把你的五脏六腑都看透了。

第四，庄子的这一套他传授了一种方法，就是从根本上找根本，从根源上找根源，从大概念上找大概念，从高端的境界找更高端的境界。他要求你只相信一样东西，就是天道，就是大道。其他都不要相信。所谓与大道融合，所谓与万物并存，人只有把自己的精神往崇高方面提升，往宏大方面扩展，这个人才有希望。这是庄子的意思。

第十四讲

混沌与神全

“浑沌之死”的寓言，出自《庄子·应帝王》。庄子以这个离奇的想象与比喻来宣扬他所向往的原生状态、整合状态、混一状态，为天下事物的条分缕析，为人们的精明细致，为万事万物与人类认知的细化、准确化、分明化，所导致的争辩不休各执一词而感到极大的遗憾。

伟大的混沌

在《庄子》的内篇《应帝王》里，有这么一段话：

> 南海之帝为儵（音叔，同“倏”），北海之帝为忽，中央之帝为浑沌。儵与忽时相与遇于浑沌之地，浑沌待之甚善。儵与忽谋报浑沌之德，曰：“人皆有七窍，以视听食息，此独无有，尝试凿之。”日凿一窍，七日而浑沌死。

这段话通俗说来就是，南海有一个神，这是一个最大的神，相当于一个帝王，他叫“倏”。北海有一个神叫“忽”。在南海和北海的中央，有一个神帝，这个神叫“浑沌”。南海、北海的倏和忽，经常到浑沌这儿做客，每次去，浑沌都给他们很好的接待。倏、忽这哥俩就商量说，浑沌对咱们这么好，咱欠着人家情啊，咱们得给他帮帮忙。浑沌有个毛病，他脸就像一个大鸭蛋似的，没有七窍，五官不分。这哥俩一商量，两只眼睛、两个鼻孔、两个耳朵、一个嘴，正好七窍。有这七个洞他才能有很好的视觉、嗅觉、听觉、味觉。索性咱们帮他开开窍吧，要不然老这么糊里糊涂的，多不好啊。于是，倏、忽就每天给他开一个窍，开开开，开到最后第七天，七个窍开全了，却把这浑沌给凿死了。

这个故事太神了，超出一般人的想象力，这些名称又像人又像神，变成了人神的一个名称。倏忽本来是副词，形容走得快、变得快、速度快，这儿它变成了名词。“浑沌”本来也是一个副词或者是一个形容词，是一种状态，就是没有什么端倪，混成一团。“浑”与“混”这两个字写法还都是通的，有的写“混”，有的写“浑”。它是一种状态，一种不把它分清楚，不把它进行分析，而是混成一团、浑然一体的一种状态。这样一种状态，他活得挺好，还能招待南海和北海的帝王，等到你把他眼一打开，又让他长眼睛，又让他长鼻子，又让他长耳朵，又让他长嘴，他就活不了了。

这种想象力，这种故事寓言，无与伦比。含义则任凭您的体悟。是囫囵着感受世界好还是分科分类辨清世界好？是马马虎虎、模模糊糊地感觉世界好，还是什么都弄个门儿清好？是条分缕析、小葱拌豆腐一清二白好，还是大概齐、差不离、稀里糊涂好？是心细如发、明察秋毫、眼里不掺沙子好，还是心宽体胖、大而化之、宰相肚子里跑巡洋舰好？我们的老祖宗，特别是庄子，倾向于选择后者。

这是中国一种特有的快乐主义，不求甚解主义，自我安抚主义，也包含着认识论上的不可知主义。而用到“应帝王”即作为帝王而言呢，则是宜粗不宜细，则是抓大放小，则是含糊其辞，则是留有余地，则是永远不能让你太明白太清晰，保持混沌性、渊深性、未示人性、弹性、可变易性、随机的因应性或适应性，才能处于不败之地。善哉！

这个想法也是让人特别容易联想到西方的一种说法。《圣经》上说，原来在伊甸园里有一个男的叫亚当，亚当就是人了，英语里有这个名称：Adam，现在也有很多人叫Adam。这其实是阿拉伯语，含义就是“人”。这个亚当呢，他需要有个伴侣，上帝用他的一条肋条骨做成了一个女人，就是夏娃。英语里也有这个词：Eve。当然德语里也有，希特勒的那个情妇——最后在苏联红军把他包围以后，跟他结婚的那个女子，她就叫Eve，我们译作“夏娃”。亚当、夏娃原本生活得非常幸福，但是他们受了魔鬼撒旦的诱惑。上帝不准他们吃智慧果，因为吃了智慧果之后，就能够分辨人的善恶，能够分辨事情的正误，并且开始有了羞耻之心，哪些事能干哪些事不能干他们就明白了。撒旦以一条蛇的形状来诱惑他们，让他们犯了忌讳。亚当、夏娃吃完了智慧果，忽然有了羞耻之心，开始往身上穿衣服了，原来他们连衣服都不需要穿。然后他们有了智慧，有了是非之心，因此受到了上帝的惩罚。

《圣经》中讲了这么一个故事，就是一个人有了智慧能分得清事情了，这事就坏了、就糟了，这个人最幸福的时候是什么时候呢？这有点儿像咱们庄子说的这个混沌，就是你什么事也不分，不分好坏、不分正误、不分彼此，也不分你我，都稀里糊涂，反正饿了就吃，渴了就喝，该活就活，该死就死，死了也不知道哭，活了也不用过满月，这才能有幸福的生活。

《圣经》里面关于亚当、夏娃、伊甸园的故事，完全是西方的故事了，问题是他这思路特别像咱们中国古代的道家，老子在他的《道德经》第二段就开始讲：“天下皆知美之为美，斯恶已。皆知善之为善，斯不善矣。”就是你们都知道美丽的东西是美丽的，这可就坏了。你们都知道美好的东西是美好的，这就太糟糕了，就太恶劣了。你们都知道什么东西是善良的、是好的（善也可以是当肯定的意义讲，不一定非当道德的意义讲），这个世界上从此就好不了了。

这个老子也是两千几百年以前已经提出这个说法了，那时还没有基督教，因为耶稣还没诞生。“皆知美之为美”就糟糕了。为什么呢？很简单，第一，皆知美之为美，就开始要出现竞争，你也要美我也要美。第二，开始了做伪。既然皆知美之为美，美人有好处，谁美谁有好处，那我要打扮我自己，我要有很好的表演，人要做伪了。第三，还会造成拥挤。如果说获选最美的那个人，奖励五百万元，报名的人肯定挤破头。“皆知美之为美，斯恶已。”如果讲给企业家听，可以这么解释：大家都认为哪个股票最牛，肯定就全都去挤这个股票，结果是把这个股票搞砸了完事。

我们可以理解这里的思想包含了对于价值观念的怀疑与困惑。有了价值观念，就有了对于不符合某种价值观念的反观念、异观念的排斥、憎恶、仇恨、讨伐。两种不同的价值观念，也会引起纷争直到战争。例如历史上屡见不鲜的宗教战争。例如至今仍然时而存在的基督教世界里发生的被认为是污辱不同的宗教与神祇的事件。有了价值观念，就有对于自己常常遭遇的非价值、反价值事件与人物的怨恨。你认为穿好衣服才符合公认的价值标准，那么当你获得不了足够的好衣服的时候你就会非常悲哀。你认为崇高的地位符合你的价值理念，你就会为你的地位的卑微而痛彻骨髓。你把争冠军争荣耀看成一种无可怀疑的价值，你在得不到冠军以后就会痛失荣耀。不论是老庄还是伊甸园故事，都认为价值观念的形成是人类的苦恼的重要根源。庄子痛惜浑沌的被凿穿凿死，老子渴望人们能回到婴儿状态，都有这方面的含义。

当然还不仅仅是一个价值困惑的问题，还有知性的困惑。前边已经说了，庄子强调的是：生也有涯，知也无涯。自以为的知其实很可笑、很可悲，还不如干脆承认自己不知道什么。其实苏格拉底也是这么讲的："我所知道的就是我什么也不知道。"什么也不知道，你就会有一点儿谦虚。有一点儿对于他人与世界的敬畏，你就不会头脑发烧、自我膨胀、自我作古、胡作非为。浑沌没有五官，似乎影响了他对于世界的感知，那么倏与忽呢，你有了五官又能如何？你看见了，你知道你到底看见了什么形象与这种形象背后的含义了吗？你听见了，你知道听见的形象的真谛了吗？你的一切感觉、思索、判断，你根据什么能断定它们是靠得住的呢？你根据什么能确定它们不是你的误感、误见、误闻、误会、误解呢？

除去对于混沌性、模糊性、谦卑性与可疑性、相对性的提倡以外，浑沌的故事里还包含着对于整体性的提倡。中国人喜欢的是整体，是大而化之，是从根本上解决问题，叫作浑然一体，一体必然浑然，即浑沌然，而不是就事论事，头痛医头、脚痛医脚。尽管今天的国人得了病尤其是急病大病还是要找西医的，尽管中医的许多理论尚未得到充分的验证与数据的支持，但是中医理论对于国人的吸引力还是比西医理论更大，广播电视里成天讲大套养生理论，百分之九十九是中医在讲，中医理论的最大魅力是它的混沌性，即整

体性。如果用西医的科学主义、实证主义、数据化方法来改造中医学，对不起，很可能是中医学重蹈浑沌之死的覆辙。

万事万物在最初时候，在原生状态，是混沌的。受精卵是混沌的，是分不清上肢下肢躯干与五官的。婴儿是混沌的，是分不清爸爸妈妈亲疏远近的。可以设想，庄子对于混沌的崇拜与向往，包含着对于人类童年的怀想与留恋，包含着向后看的文学情操。最最发达的先秦诸子百家时期，各派学说的文学性往往大于它们的哲学性、史学性，更不要说是科学性了。中华民族在最早的时候，是一个文学化的民族。中华文化，古老的时候是一个文学化的文化，这很有趣。

“浑沌之死”又是千古名寓言。混沌，我们现时理解为一种状态，囫囵、糊涂、混杂、含蓄、模糊、有大的存在而无定形定义，同时能包含万有，孕育万物。上述的一些与混沌含义不无接近的词，有的词甚至声母相同或韵母接近，以致在发挥讲解延伸上似乎也与“浑沌”云云有些牵连。

现在回过头来说，混沌为什么是好的？混沌好的最重要原因就在于它真正做到了，在人和人之间不分高低贵贱，不分是非曲直。混沌是什么，就是糊涂。为什么中国人过去有所谓的“难得糊涂”一说。当然，你彻底糊涂了这个很要命，这是另外的问题，庄子他没有讨论那么多。庄子他还经常说一些特别让人想不到的话，老子也有这个说法，就是说一个人的感官太发达了，对人是没有好处的。你的听力一般就行了，听力太发达了，不好。所以庄子找机会就要骂师旷。我们知道师旷是春秋战国时期的一个音乐家，他精通音律，按照《东周列国》上写的，师旷为了集中精神去感受音乐、音律，把自己的眼睛给捅瞎了，免得分神。我就要耳朵就行了，我的这个世界里只有声音，没有色彩。

老子也讲："五色乱其目，五味乱其腹。"就是说这个外界的许多信息对人来说是有害的。为什么浑沌不要七窍呢？不要这视觉器官、听觉器官、嗅觉器官和味觉器官呢？就因为有了这些器官以后就容易受外界的干扰，有了这些器官以后，就无法禁绝这些有害信息。你有了这些东西以后，会有贪欲。

你本来看见很漂亮的东西、很美好的世界已经很好了；但是你眼睛太好了，别人看不见的东西你都看得见，你好了还要求更好，你走着看到哪儿都觉得不干净，都觉得不美丽。这样在视觉上你的贪欲是无限的。在听觉上，你已经听到了很好的声音，但是不行，你还是不满足，你要求听到你更想听的声音，你非得听到你自己最想听的那个声音不可。你在听觉上的贪欲也是无限的。那味觉、嗅觉更是这样，你已经吃到了最好的，已经可以糊口，符合最基本的生理要求了，但是不行。因为你的舌头太精细，你的鼻孔也非常精细，你要求能有更多的享受。

所以有了这些东西，第一，它有有害信息；第二，它有贪欲，而无尽无休的贪欲会给人带来极大的痛苦；第三，它引起很多的是非。你说这张画画得好，他说这张画画得太不像话了，不像样子。这就是是非啊。不同的感官对世界有不同的感受、不同的判断，不同的判断它就会引起许许多多的争斗。越是才智与感官超强的人，越是高级专家内行，越容易相互产生歧义，争个不可开交。这也是"同行是冤家"的一解。人的意识、心计，给人带来了聪慧，也带来了烦恼、焦虑、惊惧、愤怒，以及各种狼狈折磨、自我摧残。清醒清醒，我们应该清醒，但是做手术时，我们必须接受麻醉。这已经说明并非任何状况下都需要清醒。尤其在春秋战国那样的兵荒马乱、礼崩乐坏的世道，经常是不测风云、飞来横祸的恶劣条件下，庄子推崇的乃是无心，是听任自然，是无意，是少知道、不知道，是少防备、不防备，用我最喜欢的词叫“不设防”，是不要自寻苦恼，自取灭亡，自找不素净。

可以揣摩，在春秋那个世道下边，老子呀庄子呀看到了：越是聪明伶俐，越是智谋超群，越是清醒明白，越是明察秋毫，就越难免发表意见。发表意见越多，失误也就越多，坏事、伤人也就越多，越是会成为已有的权势与能力系统的对立面，成为群体的公敌，成为要人或能人们的公敌，越要倒霉，要挨整，要招来灭门之祸。

所以，庄子觉得这个人精明到了一定程度是一种灾难，庄子在其他的地方也讲人不要太精明。耳聪是耳朵的灾难，是危险。耳朵太灵，什么都听得见，别人听不见的他听得见，你有麻烦也就多。目明，你眼睛太亮，别人看不到的事你偏偏看出来了，这是一种大危险。这个思想一直流传下来了。我们看古代的一些小说故事里常常讲，一个人能做到明察秋毫，明察秋毫不祥、不吉利。你譬如我们几个人能看见大体的几个大字，而你这连每一笔、每一画、每一点你都看得清清晰晰，那么你这个人不祥，你将来容易遇到灾难，因为别人没事的事你老有事，你听得见、你看得见。

一个美女，让人喜悦，然而这种喜悦，不论对于本人还是对于他人，都还是朦胧的，是若知若不知、若闻若不闻的。这种朦胧的美感是最质朴最靠得住的，美女永远会留下美好的印象与反应，不会突然休止下来，叫“终无已”。《庄子》赞许的与陶醉的就是这种人生万象尚未被语言人为地命名定性以前的原生状态、朦朦胧胧状态。一旦美女被命名为世界小姐、艺坛巨星、国际美丽大奖获得者、性感偶像、大众情人，她必然会受到猜忌、质疑、觊觎或招惹某些男人的占有欲，她的麻烦就来了。一旦某个比较爱护人民的君王大臣被命名为唐尧再世、虞舜重生、贤君圣王贤臣、万世楷模……就有了人为的、炒作的、名不可能绝对地符实的可能，就不知道有多少人期待着你的骤然崩溃、蓦然失足、终于身败名裂。

皆知美之为美，就会有吹嘘、造假、竞争、计谋、溢美作秀，直到潜规则的因素混入其中，而且大部分并无足够的审美能力与鉴赏水准的愚众，不是因为自己的审美，而是基于人云亦云的随大溜习惯才称赞其美丽。美与圣变成了炒作，变成了处心积虑，变成了忧心忡忡，变成了你争我夺，变成了胜了还要再用兵，败了决不甘心，变成了世界杯赛事，黑哨、错判、赌球、伤害、红牌、黄牌……岂能无有？同样，这样的美与圣对于本人也完全可以成为灾难，让你忽冷忽热、忽喜忽忧、脱离凡众、不学无术、上不着天下不着地，哪怕是连得若干次冠军以后，其下场必定是最后欲胜无能、欲比无力、欲退无路、天怒人怨，结束于悲剧闹剧，一事无成！

故国故乡也是这样。谁不说俺家乡好，到底怎么个好，哪里好，那是说不清楚的。如果正式将“家乡好”化为条例定义，一曰某山，二曰某水，三曰某城墙，四曰某庙，五曰某街……那还有什么好的呢？庙可以与庙比规模或者年头久远，山可以与山比高度，水可以与水比流量，那就有了规模、历史、高度、流量……唯独没有了故乡的情愫了。

还可以有另外的解释：中国人向来喜欢整体性模糊思维、感悟性、估量性，最多是联想性思维。这种思维与判断方式更像是男女相亲择偶的一见钟情或一见生厌，不需要条分缕析，不需要图表与计算，不需要量化打分算分。人的爱故乡也不会是条分缕析的结论而是天性，是必然没商量，是哪儿都爱，被草木遮住了照样爱，能见度差了照样爱，全部亮相在眼前，晴空万里就更加可爱。解放初期上演的著名评剧《刘巧儿》中，主人公巧儿有一段唱词："我爱他能写能算能劳动，我爱他下地生产，他是有本领……"说得如此清晰，不像爱情更不像少女初恋的表白，而更像劳动工资科干部录用新工人的标准了。

《庄子》的妙思：不要太成熟，不要太明确，不要用精确的语言加以界定，不要正式命名。例如命名故乡为仁义故乡家园，更不要制定文件与召开爱家乡动员大会与举办爱家爱乡典礼或评奖。不要成为目标，不要人为地用心思讨论、判定、答辩博士论文《热爱家乡的合理性必然性与重要性》，只要原始，只要天真朴素，只要混沌，只要大概其差不多，只要若有若无，糊里糊涂，永在心头，始终不渝。这个说法虽不完全，但不无道理，亦是一绝！

例如许多朋友极力推崇中华孝道，同时认定洋人不讲孝道，词汇中无相当于孝的命名，如同禽兽。其实如果你多有一点儿与欧美人士密切接触的机会，你会发现他们当中不乏孝子孝女，虽然他们的语言中无此"孝"字。反过来说，英美人把"爱"挂在嘴边，尤其是夫妻，爱来爱去，无一刻不示爱，这不等于他们的夫妻相爱才笃。中华古国，近现代前，不论是《长恨歌》里的唐玄宗与杨贵妃的悲剧，不论是《钗头凤》所描写的陆游与唐婉的感情，不论是《红楼梦》里宝玉黛玉的爱情，没有一个角色会说一句"我爱你我要你”，个中长短，谁说得清？回过头来说，不讲孝道就是禽兽吗？乌鸦反哺，羊羔跪乳，不也都被古人所称颂吗？它们并没有读过《孝经》啊。

庄子还提出来一个东西予以分析：“心殉”，殉葬的“殉”。他说“殉”的意思就是你的心智有所追求。对这个“殉”的解释也非常多，可以解释成心智有所追求，也可以解释为你的心智有所寄托或者有所贡献。庄子认为，这也是一种危险。什么意思呢？你心智有所寄托，你老追求一样东西，比如说你追求冠军，你得不上这冠军你一辈子都是痛苦的。比如说你追求财富，你追求大奖，你追求升迁，有了这些追求以后，你永远踏实不了，你这一辈子都过不踏实。庄子的这个想法也很奇怪：有追求是不好的，没有追求才好。可以断定，庄子包括老子，也有“抬死杠”即极端化绝对化，完全脱离了实际生活的地方。心有所求，结果是因所求而殉之，因所求而殉难，而牺牲了自己的健康快乐，这个问题的提出是有趣的。最好是没有要求，没有愿望，没有注意点，没有期待，这种说法也相当可疑。

让我们当真想一想，第一，一味地强硬地要求自己不准有任何追求，这不也是一种追求吗？这不也是自己与自己较劲吗？这不也是无事生非与不近情理吗？第二，一个人只要尚存活着，能什么期待都没有吗？食色性也，生理需要总是会有的吧？解闷自娱的需要也不会没有吧？养家糊口的需要呢？受了欺侮有所抵御呢？第三，真的什么追求期待都没有了，他或者她不会寂寞吗？不会孤独吗？不会闲出病乃至发起疯来吗？

总之，庄子他是要保护混沌的这种状态。

糊涂易于神全

庄子还有一个提法，这个提法就叫“神全”，就是每个人要保持自己精神的完整，不要让它受损伤。要保持精神的平衡，不要让它产生震荡。完整、平衡你的心情，你的生命状态才是最佳的状态。

庄子讲，一个人要什么呢？一个人要“抱神以静”。就是人要守抱，抱的意思就是守着、守护着、坚守着自己的精神，使它不被动荡、不被干扰、不被侵犯，不打破这种平衡。他提出来：

> 无视无听，抱神以静，形将自正。必静必清，无劳汝形，无摇汝精，乃可以长生。

就是你不要看周围的东西，不要听周围的声音，永远保持着你自己的最佳状态，保持这种状态的话，你能够长生不老，能够活几

難得糊塗

百岁、几千岁，道家是有这个说法的。这个说法我们现在来看，他过于强调混沌这一面了。

现在，如果说一个人他的精神状态和这个世界完全隔离，如果说把他的五官完全给他堵死了，眼睛戴上眼罩，耳朵带上耳塞，鼻子和嘴上带上最厚的口罩，我想这个人无论如何不能走向幸福、走向健康之路。但是庄子有这么一种思路，和当时那个处境有关。那时候天下大乱，诸子百家，烽火连连，互争互夺，白刀子进红刀子出，整天就是这些事。庄子就觉得还不如自个儿踏踏实实地过自个儿的日子，这些事跟我没有关系。他是有一种自保的心态存在。

庄子还讲过这么一个很有趣的故事：

> 夫醉者之坠车，虽疾不死。骨节与人同，而犯害与人异，其神全也。乘亦不知也，坠亦不知也，死生惊惧不入乎其胸中，是故遻物而不慑。彼得全于酒，而犹若是，而况得全于天乎！圣人藏于天，故莫之能伤也。复仇者不折镆、干；虽有忮心者，不怨飘瓦；是以天下平均。故无攻战之乱，无杀戮之刑者，由此道也。

庄子说啊，譬如说喝醉的人坐在这个车上，如果车子一颠簸，人掉在地上了，他常常摔不伤。为什么摔不伤呢？因为他神全，他没有恐惧。他睡得糊里糊涂的，他从那个车上一颠就掉地上了。如果他要是很害怕呢？他看到了这个马惊了或者是这个桥梁坏了、道路坏了，他在一个恐惧之中，这样的话，他就肯定会摔伤。庄子提出了这么一个很有趣、很世俗的说法。

那么大家至少可以从物理学上来考虑，这个人睡着了、喝醉了的时候，他是团成一团的，很少是四仰八叉那样睡觉的，正因为团成一团，他掉到地上时也是一团，这样就不会是硬着去使劲。教体育的人都知道，不管是篮球运动员还是足球运动员，在场地中都会摔跤。摔跤有一个很重要的原则就是你不要用手去扶地，手扶地的话，用的是手腕的力量，而手腕是很细的，“嘎巴”就折了。相反，你要在地上滚成一团就不会出什么大问题。所以庄子说的醉汉不伤有他的道理。

但是庄子不是从这方面解释的，他不是解释你身体的形状或者你的骨节没有被压到。他怎么解释呢？他说这叫神全。就是一个人能不能保留自己这种不被外物和杂念所干扰的状态，能不能保持这样一种完整无缺的精神。这种精神有奇效，对你的生活有奇效、对你的精神状态有奇效，甚至于对你的跌打损伤也有奇效。就像一个喝醉了的人他不会考虑，我摔一跤会要了我的命。他没有这种惊惧的思想，他的神他的精神并没有一下子被分裂、被摧毁、被伤害。所以他的神是全的。

神全对我们来说也是很有意义的，不管我们遇到什么愉快的事情、不愉快的事情、成功的事情、失败的事情，我们都把它看得很自然，都把它看得很普通。我们既不会为一件胜利的事情过于高兴，也不会为一件失败的事情痛不欲生，我们都把它看得很自然、很正常，这样的话，我这精神是不受损害的，是不受摧毁的。

当你经历过生活中的各种波折，就会有体会：一个人你只要自己的精神不垮，也就是说自己的神全，别人就很难把你打垮。因为你所能够损害我的无非是我的一些利益，而我没有那么多利益需要计较，并且我并不把这个利益的丧失看得那么痛苦。正如李白的诗所说：天生我材必有用，千金散尽还复来。我既然有可能把千金丢掉，就说明我有能力挣来这千金。我既然有这材料，有这一点儿小小的本事，这点儿小小的能量，那么我早晚有机会发挥我的能量，我早晚有机会发挥我的才能。你要处在这种情况之下，就不容易被摧毁。相反，我们会看到有些过分娇气、过分敏感、过分心细的人。咱们中国有个成语叫“心细如发”，形容一个人心细得跟头发一样，说他的心能用头发分成多少份，就是心太细了，大事小事都这么注意。所以这样的话，他就不容易在人生当中经历各种的成败、经历各种顺利和不顺利的东西。这就是为什么中国人会得出一个结论来，叫“难得糊涂”。

难得糊涂是郑板桥最喜欢讲的一个话，并不是说你什么事都糊涂，什么事都糊涂你可能吗？先不用说很大的事了，你每天几点钟上课、几点钟下课，每个月你应该有多少收入、多少支出，你都不能完全糊涂。但是在某些事情上，糊涂实在是人的一个优秀品质，有些非常细小的得失就算了，人不可能什么事都只有获得没有失去，只有记忆没有遗忘。所以庄子树立的“浑沌”形象，实在是中国人处世的一个诀窍。

实际上，人之一生到底能有多少个认真的仇敌，多少个必然的深仇大恨，难讲。但同时，你的一生中，阴差阳错，又会与他人包括你的亲人友人产生多少龃龉、多少误会、多少风波。你今天对他有意见，明天对她有怀疑，后天对他、她、它都不满意，大后天你想与他们和解了，他们却来了气，与你非来个白刀子进红刀子出不可……再往后你干脆与一切为敌，还在那儿严正声明，至死也是一个不饶恕！您干什么呢？您为什么呢？您图什么呢？

混沌还有一点和中国文化中是相通的，这就是中国人重视整体——抽象思维、本质主义、形而上而绝非形而下思维。你眼睛看见的东西再多，无非就是颜色。视觉形象并不能够代表世界。你耳朵听见的再多，无非只是声音，那只是一个听觉的反应，听觉器官你也不能够掌握这个世界的全貌。你鼻子闻到的再多，无非就是气味。那就是一个嗅觉的反应，而酸甜苦辣咸，这是你舌头的反应。而中国人追求的是什么呢？追求的是一个超乎视觉、听觉、嗅觉、味觉、触觉，超乎一切感官的一个总体的把握。有了总体的把握你才放心，有了抽象的概括你才敬畏乃至崇拜。先秦诸子，都要弄出个抽象的大概念来才见水平，才有巨大的涵盖面，才有高度，才能包罗万象无往而不利。老子要“道”，孔子要“仁”，孟子要“义”，等等。而这个总体的把握恰恰需要的不是条分缕析的逻辑与计算的精明，而是整体性，是混沌。只有这样，才能达到人和大道之间直接融合的境界。

> 黄帝……遗其玄珠。使知索之而不得，使离朱索之而不得，使吃诟索之而不得也。乃使象罔，象罔得之。

黄帝把最宝贵的玄珠丢失了。什么是玄珠呢，解释得各式各样，依庄子的思路不如不解释，反正是黄帝最珍贵的某物。他派智慧或知识去寻找探求，没找着，再派千里眼离朱去找，还是找不着。再派神速的吃诟去找，还是找不着，最后派模模糊糊、形象罔然、仍然可以说是混混沌沌的象罔去找，一下子就找到了。什么意思？靠知识与智力智谋不行，靠视觉和感官不行，靠速度与敏捷不行，只有靠那种带有东方神秘色彩的、笼统而又玄妙的悟性。

这个故事很有特色，很有趣味，也很悲哀，因为这种整体主义、抽象主义、本质主义、神秘主义与形而上崇拜不利于科学技术的发展，不利于逻辑学与数学以及整个理性思维的发展。类似的喜欢讨论概念，喜欢讨论无法证实也无法证伪的天道天理，喜欢讨论昔日的美好图景而抱怨兹后的礼崩乐坏的倾向，同样存在于孔孟之道中。但这讨论绝少注意民生与生产力的发展，绝少注意实践、实验、经验、实用方面的东西，更不要说科学与技术、效率与福祉了。

基督教讲究的是拯救灵魂，我想这是由于人们灵魂中的罪恶感、负疚感、空虚感、恐惧感、忧患感。基督教是通过对于终极信仰、终极价值——爱、苦难、宽恕……的宣扬，与神圣崇拜——礼拜、祈祷和对于富有终极性与道德性文学性暗示性的《圣经》的反复诵读，来满足自己的灵魂的需要的。

结语

庄子救赎灵魂五法

庄子的努力其实也在于拯救个体，尤其是士人个体的灵魂，他另有思路，另有救赎灵魂的五法。

第一法：展翅天宇，与道合一

个人是渺小的，然而天地是伟大的，天地有大美而不言，比天地更伟大、更长久、更本初、更本质的是无所不包、无所不在、无所不生、无所不臣服的道。道是老庄的概念之神，是类似上帝的无限、无穷、无涯、无名的概念。渺小的个体得到对于道的体悟，就等于长出了鲲的身躯，鹏的翅膀，等于九万里抟于扶摇，反过来再看人间诸事诸苦恼一文不值。深深地悟道的结果是个体与大道的融合，你是一个五尺高一百多斤重的人子，但你同时是无穷大的大道的下载，是大道的符号，是大道的展现，鲲与鹏照样是你的形象，你的特质。

庄子的说法是“天地与我并生，而万物与我合一”，这就是大道。你的几十年的生命是大道的无始无终的永恒的一次闪光，几十年的生命来自大道、归于大道，生死皆合大道，你就是永恒，你就是薪尽火传，你就是永不息灭的光焰。大而无当，大而化之，这正是你与大道结合以后的逍遥境界，正是自己的灵魂的被拯救。这个方法可以简称为大，你要扩大心胸，扩大精神空间，扩大眼界，与天地同质，与大道同构，与山河同在，与宇宙同化，与日月同游。

第二法：超越凡庸，矗立巅峰

首先是超越世俗：清高超拔，绝不蝇营狗苟，尤其是不求仕途，不当官迷。庄子分析说，官位其实压根就不属于你，你有个官位，不过是临时租借了一顶乌纱帽用用，过段时间，你必须还回去的。他说得真透！不求美名，不求财利，名利都是毁人的。

其次是超越权威：不论是黄帝、尧舜、孔子孟子，都是有懈可击的，都不必迷信。

第三是超越生死：“夫大块载我以形，劳我以生，佚我以老，息我以死。故善生者，乃所以善死也。”对于庄子来说，生死观是一个人的道性、道行的重要标志，是人们能不能成为知音，能不能成为莫逆的重要标尺。

第四是超越书本：除了庄子，中国的古圣先贤，少有谁那样尖锐地指出书本的不足恃。一会儿他通过一个木匠之口，指出一本书就是连一个车轮的制作火候也说不清楚，何况是治国平天下的大业？另外，他又指出，书本最多是古人的鞋印，不是鞋，不是脚，更不是活蹦乱跳的活人。

第五是超越环境：不要有待，不要盼着利用某种条件乘风前行。也还有其他，凡夫俗子越是看重的东西，到了庄子这里越是被看得一文不值。

这第二法，叫作越。

第三法：虚静恬淡，坐忘心斋

老子的最最精彩处之一是强调无的意义，万物生于有，有生于无。有之以为利，无之以为用。无名、无欲、无知、无私、无离、无尤、无身、无状、无物、无止、无有、无忧、无所归、无功、无辙迹、无瑕谪、无关楗、无绳约、无弃人、无弃物、无争、无极、无败、无执、无失、无心、无味、无为而无不为、无德、无以为、无誉、无隅、无形、无间、无事、无死地、无遗、无正、无不克、无难、无败、无行、无臂、无敌、无兵、无狎、无厌、无亲，好家伙，老子这位“太上老君”的思路是万物无为先，是在无字上狠下功夫。这是否定性思维，可以设想，他看到知道的人们的负面行为负面表现太多了，愚蠢、奸诈、贪婪、狂妄、轻举妄动、胡作非为、自取灭亡、缘木求鱼、抱薪救火，所以他的思路是必须先狠狠地否定你一家伙，让你这个也无了，那个也无了，你才有救，国家天下才有救。这样的否定性思路，至今仍然很有意义。

庄子给人印象深刻的是对于“无”的积极正面的表述，那就是虚静，那就是恬淡，那就是寂寞。什么（不该有的）都无了，并不是万物万象的绝对不存在，绝对不存在了，也就无须庄子学派了。无的状态是一个大美大智大善的状态，这个状态一曰虚空，它提供的是巨大的容量、巨大的内存、巨大的空间，巨大的空间的意义不在于它什么都没有而在于它的什么都可能包容与存盘，空间还是安全的保证，高速公路上常常标有保持距离的警示，用英语说是space，也就是空间，也就是虚，没有了虚，就没有了高速行进的可能。

二是静谧，有了静谧才有专注，才有冷静，才能进行充分的智能活动包括审美活动，才能摆脱浮躁的困扰。

三是恬淡、澹泊，摆脱私欲与肾上腺激素的干扰，处于一个生命个体的生理、心理最佳最主动的状态。

四是寂漠，后来写为寂寞，这种寂寞可以理解为伟大的孤独与自主，可以理解为个体生命与宇宙、与大道、与整个世界的生命本源的直接沟通。平常我们都处在鸡毛蒜皮诉红尘纷扰之中，寂寞才是精神的最高享受，才能做到人与道的统一。虚静恬淡寂寞，这就是道性。而做到虚静恬淡寂寞，要靠坐忘与心斋。坐忘就是物我两忘，就是能够做到自我的格式化，格式化了才能发挥出最好的水准与功能。心斋就是大大减少心头的私欲、妄念、计较、负担，就是自我心理清洁与保健。

可以说，这第三法就是虚。

第四法：是非彼此，齐不齐一把泥（建筑工人的俗话）

你找不到像庄子这样明白透亮彻底清醒的人。他看得明白，物我、彼此、是非、长短，一直到正误、忠奸、进退……不论一时一地争得如何头破血流，最后往往是不过如此，只能风一吹，忘掉它。而高低、贵贱、贫富、寿夭、大小、寒暑……不论区分得如何天上地下，最后在无穷大的大道面前，这些差别无异于零。与天地大道相比，彭祖活了八百多年，另一个孩子没成年就死了，就像一个以800另一个以8作分子，而二者都以无穷大作分母一样，二者没有什么差别，彼亦一是非，此亦一是非。如此这般，人们不应该殚精竭虑地把体力脑力精力放在核战争相斗上，而应该放在逍遥地享其天年上。

这就叫作“齐”。这听着有点儿骇人听闻、不着边际，又似乎不无道理，可以“姑妄听之、姑妄言之”——这八个字的成语也是出自《庄子》。

第五法是：逍遥神仙，精神胜利

> 藐姑射之山，有神人居焉，肌肤若冰雪，淖约若处子。不食五谷，吸风饮露。乘云气，御飞龙，而游乎四海之外。

不要做凡庸，不要做将相富商名人明星成功人士，而要做神仙。

这就是庄子的教导。不要怕孤独，乘着大葫芦游江湖，这是有一点儿孤独的；跑到大臭椿树下睡大觉，这也是有一点儿孤独的，但只有这样，才见道行。老伴死了，敲着盆子唱歌，这也是难于被接受的，但同样也是这样，表现出了庄子对于生死的完全看开。尤其是关于藐姑射之山的神仙的描写，更是异香充满，沁人心魄。鲁迅在他的散文诗《雪》里对于南方的雪花的描写，就直接使用了此段中的词语。

人如何才能修炼成神仙呢？庄子没有细说，这里是有点儿神秘色彩的，例如《庄子》中还说呼吸——气功当中要把气吸到脚踵上去。庄子不是没有可能相信与向往当一个神仙的。但更重要的是精神胜利，是逍遥，是精神上的而不是特异功能式的神仙。对于庄子来说，对于我们大家来说，逍遥就是神仙，逍遥居就是神仙居，逍遥游就是神仙游，逍遥就是从精神上达到神仙境界，无是无非，无俗无欲，无争无妒，无贪无怒，无牵无挂，只有逍遥，只有自由自在，只有随遇而安，只有奇思妙想，只有神游天外，那敢情好。

有一个鲁迅的阿Q摆在那里，精神胜利云云似乎早已批倒批臭了。毕竟第一，阿Q是因愚昧而精神胜利的，庄子是因过大过高的智商才干脆不求事功，只求精神胜利的。第二，人就是有点儿精神，人就是可能在事功上、财富与强力上不敌对手，而在精神上，在品德、情操、智力、心理强大与开阔上大大优于对手。许多的圣人、烈士、大家受挫乃至被害，我们为什么不能承认正是这样的人中龙凤，世上英豪就是取得了精神的胜利呢。这第五法就叫作神吧。

当然，《庄子》当中也颇有一些过分消极、逃避责任、逃避如康德所说的绝对理念绝对命令（如见死应该施救），即首先铁律的东西，读者到了今天应该不难明白理解。

无论如何，阅读庄子是一大享受，谈说庄子是一大快乐，接近庄子，大、越、虚、齐、神，会使我们活得更自如、更聪明、更灵动，更宽裕，如同发现与获得了一块新奇的神异又清爽的园地。